Mythos der Migration

Joseph R. Oxfield

Übersetzung aus dem Englischen ins Deutsche

Dunja Schäfer

ISBN: 9798507859399

"Es wird eine Zeit kommen, in der die Menschen verrückt
werden und wenn sie jemanden sehen, der nicht verrückt ist,
werden sie ihn angreifen und sagen: "Du bist verrückt; du bist
nicht wie wir."

— Antonius der Große

Mythos der Migration

DANKSAGUNGEN

Ich möchte meinen Eltern danken, dass sie mich zu dem Mann
erzogen haben, der ich heute bin.
Danke, Mama.
Danke, Papa.

CONTENTS

"Wir schaffen das."

Angela Merkel

1. OIKOPHILIA UND XENOPHILIA

"Der Mensch in seinem sesshaften Zustand wird von der Oikophilie beseelt: der Liebe zum Oikos, die nicht nur das Heim, sondern auch die darin enthaltenen Menschen und die umgebenden Siedlungen meint, die diesem Heim dauerhafte Konturen und ein beständiges Lächeln verleihen."

— Roger Scruton, Von der Idee konservativ zu sein

Jahrzehntelang haben westliche Regierungen und die institutionellen Medien für die Vorteile der Einwanderung geworben. Im Laufe der Jahre wurde eine Reihe von Argumenten vorgebracht, eines lächerlicher als das andere. Die öffentliche Debatte über die Richtigkeit dieser Argumente ist äußerst begrenzt; jeder, der sich gegen Einwanderung ausspricht, wird als rassistischer Fanatiker gebrandmarkt und damit als unter keinen Umständen hörenswert eingestuft. Dieses Buch hat das Ziel, der Pro-Immigrations-Rhetorik entgegenzuwirken und die in den Medien dogmatisch immer wiederholten Argumente eins nach dem anderen anzugehen und alle vermeintlichen Verbesserungen, die sie bringt, zu demontieren.

Dieses Buch ist nicht fremdenfeindlich, es hat, um den Begriff zu übersetzen, keine Angst vor den anderen. Es ist aber oikophil (ein ähnliches Wortspiel verwendet Douglas Murray in seinem Buch 'Islamophilia', in dem er behauptet, dass wir, statt Angst zu zeigen (Islamophobie), als Gesellschaft eigentlich meistens den Islam loben), was die Liebe zum Eigenen bedeutet. Der Wunsch, die eigene Kultur und Geschichte zu bewahren, bedeutet nicht, dass man hasserfüllt auf die aller anderen herabschaut. Es gibt keine Forderungen nach Völkermord, keine Beschreibungen von rassischer Überlegenheit und keine Pläne, Konzentrationslager zu eröffnen. Es geht hier nur darum, das Eigene zu schützen, aus Liebe zum Eigenen. Es geht darum, zu zeigen, dass wir etwas haben, das schützenswert ist und etwas, dass geschützt werden muss, weil wir Gefahr laufen, es zu verlieren. Angst ist nicht das richtige Wort; wir haben keine Angst, dass zu verlieren, was wir haben, sondern wissen genau, dass die Zukunft auf diesen Verlust zusteuert. Es stellt sich die Frage, ob das eine Zukunft ist, die wir wollen.

Unsere Oikophilie existiert, weil sie erwiesenermaßen funktioniert. Es ist erwiesen, dass homogene Nationalstaaten ein erfolgreiches System sind, das Demokratie, Wohlstand und Gleichheit fördert. Um diese Werte zu erhalten, müssen wir den Nationalstaat erhalten. Ein Nationalstaat kann nur dann ein Nationalstaat sein, wenn er aus einem homogenen Volk besteht, das in einem Gebiet lebt, in dem es souverän ist und das Recht auf Selbstbestimmung hat.

Für diejenigen, die bereits gegen Einwanderung sind, kann dieses Buch helfen, andere von Ihrem Standpunkt zu überzeugen oder zumindest Ihre Argumentation zu erweitern; was es für andere viel schwieriger macht, Sie schnell als modernen Neonazi zu brandmarken. Meiner Erfahrung nach reagieren Menschen nicht mit Aggression, wenn Sie erklären können, warum Sie auf eine bestimmte Art und Weise fühlen, selbst wenn es gegen den Mainstream-Standpunkt geht. Es ist wahrscheinlicher, dass die Leute Ihre Meinung respektieren, wenn Sie in der Lage sind, Ihre Überzeugungen eloquent zu erklären.

Es gibt natürlich mehr als nur ein paar Verrückte, die sich der Argumentation entziehen und in dieser Debatte als verlorene Sache angesehen werden können. In diesem Sinne möchte ich alle Leser auffordern, bei der Äußerung ihrer Standpunkte vorsichtig zu sein. Der Arbeitsplatz ist vielleicht ein schlechter Ort, um seine Ansichten zu diskutieren, und niemand mag es, wenn man bei einem Familientreffen zu aufdringlich ist. Es gibt, offen gesagt, eine Menge unvernünftiger Leute in der Geschäftswelt, die bereit sind, Ihren Karriereweg zu behindern, weil Sie eine abweichende Meinung zu einem Thema haben, das ihnen wichtig erscheint. Politische Korrektheit regiert weiterhin die Welt, zumindest im Moment. Mit einer rationalen Debatte, die von großen Gruppen von Menschen in einem breiten Spektrum von Umgebungen geführt wird, können wir diese Konditionierung durchbrechen.

Für diejenigen, die Befürworter der Einwanderung sind, kann dieses Buch zeigen, wie einige oder möglicherweise sogar alle Argumente falsch sind. Gehen Sie unvoreingenommen an die Sache heran und überprüfen Sie, ob die Vorteile wirklich die Nachteile überwiegen, wenn es um unbegrenzte Einwanderung geht. Seien Sie außerdem ehrlich in dem, was Sie für den wahren Grund halten, warum Einwanderung gut ist, im Gegensatz zu Ausreden und schwachen rhetorischen Tricks, die Sie zur Verteidigung Ihrer Position verwenden. Den wahren Grund zu kennen, warum die Menschen auf Migration bestehen, kann uns helfen, die Debatte auf das spezifische Problem zu lenken, dass Sie zu lösen versuchen, anstatt eine Debatte zu führen, die im Niemandsland feststeckt, bei der beide Seiten sich in die Schützengräben eingegraben haben und dogmatische Propagandabomben auf die andere Seite schießen, während sie sich die Ohren zuhalten und sich im Untergrund verstecken, um sicherzustellen, dass der Gegner sie nicht trifft. Grabenkämpfe sind vielleicht die passendste Metapher für den aktuellen Stand der Debatte. Keine Seite ist bereit, auch nur einen Zentimeter aufzugeben und gräbt sich stattdessen nur noch tiefer ein.

Wenn wir einige der unsinnigen Argumente beiseite lassen können, kann sich die Debatte hoffentlich auf wichtigere Dinge konzentrieren und eine tiefere Ebene erreichen. Wir können eine bewegte Front erreichen, bei der der Sieger die Wahrheit auf seiner Seite haben muss.

Gelingt dies nicht, wird es zu einer tieferen Polarisierung kommen. Der Konflikt wird zunehmen, während die Wahlen mehr und mehr zu einer Ein-Themen-Plattform werden; wollen wir mehr oder weniger Einwanderer? Ist das nicht die eigentliche Frage, wegen der Donald Trump gewählt wurde? Ist das nicht die eigentliche Frage, die den Brexit herbeigeführt hat?

Die westliche Welt steht vor einem Dilemma und in der aktuellen Situation wird die Seite, die gewinnt, am Ende die Verliererseite entfremden, was nur zu weiteren Unruhen führt und die problematische Debatte fortsetzt. Wenn wir sie noch als Debatte bezeichnen wollen, obwohl keine Seite versucht, der anderen zuzuhören.

Wenn wir eine utopische Brille aufsetzen, können wir eine vernunftgeleitete Debatte nutzen, um die Vor- und Nachteile der Migration aufzuzeigen, die Probleme zu verdeutlichen, die sie lösen soll, sowie eine ehrliche Sicht auf das Problem zu geben, dass sie tatsächlich löst und auch schafft. Mit der Kraft der Vernunft können die Gemüter abkühlen und eine friedliche, freundliche Gesellschaft gefördert werden. Dieses Buch ist mein Versuch, einen Beitrag, mit diesem Ziel, zu leisten. Das Buch ist weitgehend einseitig und bittet die Autoren der anderen Seite, es zu widerlegen, entweder in einem anderen Buch oder indem sie die verschiedenen Punkte in Online-Blogs diskutieren. Ich, für meinen Teil, bin unglaublich neugierig, wie sie ihre globalistischen Positionen verteidigen wollen, da ich glaube, dass sie trotz einiger vielleicht lohnender Behauptungen eine schwierige Verteidigung vorzubereiten haben.

Selbst wenn wir zugeben, dass einige der von ihnen vorgeschlagenen Probleme tatsächlich existieren und einer Lösung bedürfen, bleibt die zweite Frage, ob ihr Vorschlag tatsächlich der beste ist oder nicht. Die Frage endet nicht damit, ob wir den Flüchtlingen helfen müssen - ja oder nein. Der zweite Teil der Frage sollte lauten: Was ist der beste Weg, um der größten Anzahl dieser Menschen auf eine Weise zu helfen, die, die geringsten negativen Auswirkungen auf unsere Gemeinschaft hat?

Auch wenn ich es nicht schaffe, Ihre persönliche Erleuchtung zu diesem Thema radikal zu steigern, hoffe ich, dass mein Buch Ihnen zumindest helfen kann, Ihre Gedanken zu strukturieren, Ihnen zu bestätigen, dass Sie nicht der bzw. die Einzige sind, der diese Überzeugungen hat und dass Sie die Lektüre genießen. Mein Ziel ist es, so zu schreiben, dass es leicht zu verstehen ist.

Sehr wortreiche akademische Texte sind nicht wirklich nützlich, wenn es darum geht, eine öffentliche Debatte anzustoßen und es scheint, dass viele Akademiker sich daran erfreuen, ihre Leser zu verwirren. Wenn niemand versteht, was Sie geschrieben haben, wird auch niemand sagen, dass das, was Sie geschrieben haben, totaler Blödsinn war. Wortgewandtheit kann ein großer Schutz gegen Kritik sein, aber ich begrüße Kritik. Bitte zeigen Sie mir, wo ich falsch liege, damit ich Ihre Argumentation noch einmal kontern kann. Ich bin fest davon überzeugt, dass meine Überzeugungen sinnvoll sind. Deshalb habe ich versucht, meine Punkte so klar wie möglich zu erklären. Schließlich war es Aristoteles, der sagte: "Kritik ist etwas, das wir leicht vermeiden können, indem wir nichts sagen, nichts tun und nichts sind."

Wenn Sie ein Feedback zum Buch oder eine Frage haben, hinterlassen Sie einfach einen Kommentar und erlauben Sie mir, Ihnen eine Erklärung zu geben, die in einer zukünftigen Version dieses Werks enthalten sein kann. Alternativ können sie auch in einem Blogbeitrag irgendwo beantwortet werden. Wer weiß, vielleicht ist das der Auslöser für ein ganzes neues Buch.

"Oikophobie ist ein Stadium, dass der jugendliche Geist normalerweise durchläuft. Aber es ist ein Stadium, in dem Intellektuelle dazu neigen, verhaftet zu werden. Wie Orwell feststellte, sind Intellektuelle der Linken besonders anfällig dafür und das hat sie oft zu willigen Agenten fremder Mächte gemacht."

-Roger Scruton

2.   EINE DEMOGRAFISCHE FLUT

*'Ja, törichte Sterbliche, Noahs Flut ist noch nicht abgeklungen.
Zwei Drittel der schönen Welt bedeckt sie noch.''*

-Herman Melville

Es ist mittlerweile bekannt, dass Europa, Ozeanien und Nordamerika eine demografische Verschiebung von nie gekanntem Ausmaß erleben. Auf der Website der Europäischen Union ist zu lesen: "Der Anteil Europas an der Weltbevölkerung schrumpft und wird im Jahr 2070 nur noch knapp 4 % der Weltbevölkerung ausmachen. In einem anderen offiziellen EU-Bericht heißt es weiter: "Die Auswirkungen des demografischen Wandels in Europa sind in unserer gesamten Wirtschaft und Gesellschaft zu spüren.'' [1]

Diese Teile der Welt waren lange Zeit von mehr oder weniger homogenen Nationen bewohnt; Europa natürlich mehr als die Teile der Welt, die sie kolonisierten (Kanada, Australien, die Vereinigten Staaten). Sie bildeten Nationalstaaten, wie auch der größte Teil der übrigen Welt.

Der Nationalstaat hat sich im 20. Jahrhundert zur Standardform der Regierung entwickelt, doch im 21. Jahrhundert scheint er in vielen Teilen der westlichen Welt auf dem Rückzug zu sein. Überraschenderweise scheint dieser Niedergang von den Regierungen dieser Nationen begrüßt und sogar gefeiert zu werden. Ursprünglich wurden diese Regierungen durch das Volk, für das Volk und vom Volk gebildet.

Dieser Fokus auf das Volk war das Ergebnis der Periode der Aufklärung und des Nachglühens der Französischen Revolution. Die Demokratien waren entstanden, um die tyrannische Herrschaft der Monarchen zu ersetzen, die sich wenig um das Volk kümmerten. Die Demokratie entstand, um sicherzustellen, dass das Volk seinen eigenen Glauben, seine eigene Zukunft bestimmen und ein gutes Leben führen konnte. Heute stellt sich die Frage, ob die Regierung dazu da ist, den Bedürfnissen des Volkes zu dienen oder ob das Volk dazu da ist, den Bedürfnissen der Regierung zu dienen. Die Regierung mag nicht monarchisch sein, aber sie ähnelt mehr einer Oligarchie. Diejenigen, die Geld und Einfluss haben, sind diejenigen, die es schaffen, gewählt zu werden. Sie sind diejenigen, die die Medien auf ihrer Seite haben, um rund um die Uhr günstige Propaganda zu verbreiten.

Haben die Europäer nicht ein Recht auf ihre Heimat? Die Schöpfer und Erbauer dieser Nationen sehen tatenlos zu, wie sie durch Migranten ersetzt werden, die aus Lateinamerika, dem Nahen Osten, Afrika und Asien kommen. Der Zweck dieses Buches ist nicht, Mitleid mit diesen Europäern (heutzutage oft als "Weiße" bezeichnet) zu äußern; schließlich stimmen sie in großer Zahl für die Politik, die dies ermöglicht. Sie bilden jedoch das beste Beispiel für den Verlust des Nationalstaates in der Moderne. Dies geschieht in einer Zeit, in der andere Regionen der Welt noch immer nach dem Nationalstaat als ideale Staatsform streben. Die westliche Welt erkennt an, dass die Kurden ihr eigenes Heimatland haben sollten, während sie gleichzeitig denselben europäischen Ureinwohnern ihr Heimatland wegnimmt. Die Kurden sind eine unterdrückte Minderheit, weil sie ihr Territorium mit den Türken teilen müssen, anstatt ein Recht auf Selbstbestimmung zu haben.

Dennoch sollen die Deutschen die Kurden als Flüchtlinge in Deutschland willkommen heißen, was irgendwie das Fehlen einer kurdischen Heimat lösen soll. Nun, wenn Deutschland nicht vorhat, Bayern aufzugeben und es in ein europäisches Kurdistan zu verwandeln, gibt es keine Logik in dieser Bewegung von Menschen.

Zur gleichen Zeit versucht China krampfhaft, das Wesen der Tibeter und Uiguren auszurotten, um China zu einem homogeneren Staat zu machen. Die Chinesen glauben, dass die Verringerung der Homogenität dieser regionalen Bevölkerungen das Risiko eines tibetischen oder uigurischen Aufstandes reduziert, der das chinesische kommunistische Regime herausfordert.

Zum Zeitpunkt, an dem ich dies schreibe, befinden sich Armenien und Aserbaidschan in einem bewaffneten Konflikt, ein schwacher Euphemismus für Krieg. Darüber hinaus, worum streiten sie sich eigentlich? Es geht darum, dass in

Aserbaidschan eine ethnische armenische Minderheit lebt, für die sich die armenische Regierung mitverantwortlich fühlt. Die Regierung der Nation fühlt sich für alle Elemente der Nation verantwortlich. Das Volk macht die Nation aus. Die Kanadier hingegen sind stolz darauf, keine homogene Nation mehr zu sein, da sie nun zum Multikulturalismus "übergegangen" sind. Kanada scheint zu glauben, dass Multikulturalismus der offensichtliche nächste Schritt auf ihrem Weg durch die Geschichte ist, aber dieser Weg ist scheinbar nur auf einen Teil der Welt beschränkt. Niemand behauptet, dass Thailand nicht vielfältig genug ist und kanadische oder französische Einwanderer braucht. Außerdem sind die Thailänder selbst der Meinung, dass es bereits zu viele Einwanderer in ihrem Land gibt, von denen die meisten aus dem nahen Myanmar kommen.

Der Wandel in den Vereinigten Staaten. In den Vereinigten Staaten war es dieser Prozess des demografischen Wandels, der die Menschen dazu brachte, Donald Trump zum Präsidenten zu wählen. Als er anfangs sagte, dass er für das Präsidentenamt kandidieren würde, nahm ihn kaum jemand ernst. Doch es gab ein Thema, dass er ansprach, das die anderen Politiker meist ignorierten - vor allem alle Demokraten. Dieses Thema war die Südgrenze. Jeden Tag überqueren Tausende von illegalen Migranten diese Grenze, um in die Vereinigten Staaten zu gelangen. Es gibt Millionen von illegalen Einwanderern in den Vereinigten Staaten und die Amerikaner mit europäischen Vorfahren werden zu einer Minderheit.

Es ist erwähnenswert, dass bis in die 1960er Jahre

europäische Amerikaner über 80% der jährlich ankommenden Einwanderer ausmachten, im Vergleich zu weniger als 20% heute. Auch die Gesamtbevölkerung der USA bestand früher zu mehr als 80 % aus europäischen Amerikanern, heute sind es nur noch knapp über 50 %, Tendenz fallend. Unter der Jugend sind die "weißen" Amerikaner bereits eine Minderheit. Ein Rückgang von 30 % der Gesamtbevölkerung, in nur etwas mehr als einem halben Jahrhundert. Die enorme Veränderung in der Demografie der Einwanderer hat eine langsame, aber schwerwiegende Auswirkung auf die Gesamtdemografie der USA. Das Pew Research Institute erwartet, dass zwischen 2015 und 2065 weitere 100 Millionen Migranten kommen werden. [2]

Neben dem Grenzhopping kommen viele mit z. B. einem H1B-Visum ins Land sowie Flüchtlinge, die per Flugzeug aus der ganzen Welt einreisen.

Weiße Amerikaner stimmten für Donald Trump mit dem Wunsch, eine weitgehend homogene Nation zu erhalten. Eine Nation mit einer klaren kulturellen Mehrheit. Können wir es ihnen wirklich verübeln, dass sie die Mehrheit in ihrem Land bleiben wollen? (Wir können hier eine Diskussion darüber beginnen, ob sie die rechtmäßigen Besitzer des Landes sind oder nicht, aber wenn sie es nicht sind, dann sind es auch die Afroamerikaner, die Asiaten oder die südamerikanischen Ureinwohner nicht).

Würden wir den Thais vorwerfen, dass sie die Einwanderung einschränken, damit sie in Thailand die Mehrheit bleiben? Wie wir bereits erwähnt haben, können Sie im Fall der Vereinigten Staaten argumentieren, dass es nicht "ihr Land" ist, da die Europäer das Land von den amerikanischen Ureinwohnern übernommen haben. Historisch gesehen haben verschiedene Völker Land erobert. Sollten sie es nun freiwillig abgeben, um der Fairness willen? Oder ist es tatsächlich fair, wenn sie an ihrem Land festhalten und es so gut wie möglich verteidigen?

Sollen wir die Uhr zurückdrehen? Müssen wir die Bulgaren zurück in die asiatischen Steppen schicken, wo sie lebten, bevor sie sich im ersten Jahrtausend nach Christus in Europa niederließen? Was ist mit den Ungarn, sollen die Hunnen ihr Land aufgeben und es den ursprünglichen slawischen Stämmen zurückgeben? Sollten wir alle einem DNA-Test unterziehen, da es schwer zu sagen ist, wer magyarische/hunnische Vorfahren hat und wer mehrheitlich slawische Vorfahren hat?

Haben die Polen ein Recht, in den deutschen Städten Breslau und Posen, jetzt Wroclaw und Poznan, zu leben? Wie viele Jahrhunderte wollen wir zurückspulen? Wo sollen alle unsere Grenzen gezogen werden? Haben die Türken nicht Anatolien von den Byzantinern erobert? Sollten die Araber auf ihrer Halbinsel bleiben?

Wenn Sie an der Idee festhalten wollen, dass die Vereinigten Staaten kein Land der europäischen Amerikaner sind, obwohl sie das Land erobert und den heutigen Staat gegründet haben, dann seien Sie ehrlich zu sich darüber. Sagen Sie den Amerikanern "Seht mal, Ihr hattet eine gute Zeit, als ihr die letzten paar Jahrhunderten hier gelebt habt, aber jetzt werden wir einer Invasion von "Ureinwohnern" erlauben, das Land zurück zu nehmen". Geben Sie ihnen die Möglichkeit, es freiwillig aufzugeben oder werden Sie darum kämpfen. Holen Sie sich das Land nicht durch Täuschung zurück und zwingen Sie sie nicht dazu.

Aber wenn Sie das sagen, stellt sich immer noch die Frage, wie Sie das Land tatsächlich aufteilen werden. Die Inkas aus Peru und die Azteken, von denen die moderne mexikanische Bevölkerung abstammt, haben keinen höheren Anspruch auf die amerikanischen Plains als die europäischen Weißen. Sie haben dort nie gelebt. Stattdessen müsste man also herausfinden, welcher Indianerstamm in welchem Teil der Vereinigten Staaten lebte, und ihn dorthin verlegen. Keine leichte Aufgabe, zumal diese Stämme auch Krieg führten und Land eroberten. Wem sollte man das Land der Stämme geben, die ausgestorben sind?

Diese Ureinwohner, von denen leider viele in der Vergangenheit gestorben sind, haben bereits ihre Nachkommen, die in den Vereinigten Staaten leben. Die Apachen und Cherokee haben wenig mit den Peruanern und Guatemalteken zu tun. Jedem Südamerikaner die Einreise in die Vereinigten Staaten zu erlauben und dies als ein "Zurückgeben" an die rechtmäßigen Besitzer zu betrachten, ist ein idiotischer Plan.

Es macht genauso viel Sinn wie in einer hypothetischen alternativen Realität, in der die Europäer Amerika nie entdeckt hätten, in der die Inkas in das Land der Cherokee eindrangen und dies irgendwie als rechtmäßige Migration angesehen wurde.

Welchen Anspruch aber haben die Inkas auf diese Ebenen, den die amerikanischen Weißen nicht haben? Wie kann ein Mexikaner mit 75% spanischer DNA-Beimischung und den anderen 25%, die von den in Yucatan lebenden Azteken stammen, einen höheren Anspruch darauf haben, im Land der Apachen zu leben, als ein zufälliger Kerl, der in Schottland geboren wurde?

Ist es nicht rassistisch, alle Ureinwohner Amerikas irgendwie zu einer homogenen Gruppe zusammenzufassen und zu behaupten, dass ihnen der ganze Kontinent gehört? Als ob sie irgendwie alle gleich wären. Niemand würde die Schweden mit den Italienern zusammenfassen und behaupten, es gäbe keinen signifikanten Unterschied.

Die amerikanischen Ureinwohner führten ständig Krieg gegeneinander und waren sicher nicht der Meinung, dass sie zur gleichen Gruppe gehören. Die europäischen Amerikaner haben in der Tat das Land aufgebaut, das vorher nur dünn besiedelt war und keine Städte oder Wolkenkratzer kannte. Haben sie nicht das Recht, die Früchte der Arbeit ihrer Vorfahren zu genießen oder sollten sie alles abreißen und das Land den südamerikanischen Invasoren so geben, wie sie es vor Jahrhunderten vorgefunden haben?

Warum sollten diese Einwanderer dann überhaupt nach Nordamerika ziehen wollen? Sie wollen dort leben, um den Reichtum, die Sicherheit und die Freiheit zu genießen. Alles Dinge, die von den europäischen Amerikanern geschaffen wurden, die sich dort niederließen und die Städte aus dem Dreck aufbauten, der vorher da war.

Europäische Migrationen. Europa selbst erlebte bis zum Ende des Zweiten Weltkriegs nur sehr wenig Zuwanderung von außerhalb des Kontinents. Es kamen türkische und marokkanische Gastarbeiter, die zunächst nur für einen begrenzten Zeitraum geplant waren, aber schließlich für Generationen blieben.

Außerdem kam die überwiegende Mehrheit der Türken und Marokkaner nicht als geladene Gäste, sondern ergriff selbst die Initiative, auf grünere Weiden zu ziehen und ihre verarmte Heimat zu verlassen. Zu glauben, dass diese Menschen eines Tages freiwillig zurückkehren würden, war ziemlich naiv, da sich die wirtschaftliche Situation in der Heimat nicht wirklich verbessert hat.

Dann begann die Entkolonialisierung, und die Nationen, die Kolonien gehabt hatten, nahmen die Eingeborenen aus diesen Regionen in ihrem Land auf. Warum haben sie das getan? In einigen Fällen hatten diese Länder, vielleicht nicht mit dem Ergebnis rechnend oder vielleicht absichtlich entgegenkommend, die universelle Staatsbürgerschaft in ihrem gesamten Imperium gegeben. Das bedeutete, dass jemand, der in den Kolonien geboren wurde, genauso ein Bürger war wie jemand, der im europäischen Heimatland geboren wurde. Rechtlich gab es für diese Menschen also kein Hindernis, umzuziehen. Das geschah zum Beispiel zwischen den Niederlanden und Surinam. Das führte dazu, dass im Jahr 1975, dem Jahr, in dem Surinam seine Unabhängigkeit erlangte und damit die Einwohner ihre niederländische Staatsbürgerschaft verloren, gut 40.000 Surinamer zusammenpackten und in die

Niederlande zogen, solange sie noch konnten. Sie waren nicht begeistert von einem unabhängigen Surinam; sie hatten Angst, dass die dominierende ethnische Gruppe eine tyrannische Herrschaft bilden und sie unterdrücken würde.

Das Vereinigte Königreich hat ähnlich lockere Einwanderungsstandards in Bezug auf sein Commonwealth. Obwohl dies für Kanada und Australien, die überwiegend von britischen Auswanderern bevölkert wurden, durchaus Sinn machte, haben Inder und Pakistaner es meist ausgenutzt. In den ersten Städten Englands ist die weiße britische Bevölkerung bereits zu einer Minderheit geworden und London und andere Großstädte gehen den gleichen Weg. Ich habe in Luton gelebt, und seine multiethnischen und multikulturellen Stadtteile sind kaum eine Bereicherung. Ich kenne niemanden, der glücklich darüber war, dort zu leben.

Die weißen Briten verlassen die multikulturelleren und vielfältigeren Städte, weil sie offenbar nicht gerne in diesen Gegenden leben. In Luton waren die einzigen weißen Briten, die ich getroffen habe, diejenigen, die zu arm oder zu alt waren, um umzuziehen. Ich muss allerdings sagen, dass ich nur sehr wenige Briten getroffen habe.

Ein ähnlicher Trend war in Südafrika zu beobachten, wo gegen Ende des Apartheid-Regimes eine Stadt nur für Weiße gegründet wurde: Orania. Die Menschen, so scheint es, leben gerne mit denen zusammen, die ihnen kulturell ähnlich sind. Orania boomt weiter; während die Weißen in Südafrika häufig ausgeraubt und ermordet werden, bildet die Stadt einen sicheren Hafen.

Ein Anstieg der Anti-Migrations-Politiker. Nach dem anfänglichen Zustrom von Gastarbeitern und postkolonialen Migranten kühlte es ein wenig ab. Die Nebenwirkungen der Migration wurden offensichtlich und in ganz Europa erhoben sich migrationsfeindliche Stimmen. In Großbritannien wurde Enoch Powel bekannt, der mit einer starken Rede die Einwanderungsströme verurteilte und ein düsteres Bild der Zukunft zeichnete, in der die weißen Briten zu einer Minderheit werden würden.

Er hielt die Rede 1968, und trotz ihrer prophetischen Tendenzen wurde die Rede von den Medien abgeschossen und statt seines Aufstiegs zur Macht wurde sie das berüchtigte Ende seiner politischen Karriere.

Andere europäische Länder sahen den Aufstieg von ähnlichen Politikern. Die Niederlande hatten Hans Janmaat als Abgeordneten, der wegen Anstiftung zur Diskriminierung und Rassenhass verklagt wurde, weil er Slogans wie "voll ist voll" und "das niederländische Volk zuerst" verwendete. Er wollte in den 1980er Jahren der multikulturellen Gesellschaft ein Ende setzen.

Sein nächster Nachfolger im Kampf gegen die Einwanderung war Pim Fortuyn, ein allseits beliebter Politiker, der am 6. Mai 2002 von einem linken Aktivisten erschossen wurde. Er hatte gesagt: "Die multikulturelle Gesellschaft ist für viele nicht so angenehm.

Der nächste Nachfolger war Geert Wilders, der

ebenfalls wegen Aufstachelung zum Hass verklagt wurde, weil er eine Menschenmenge gefragt hatte, ob sie "mehr oder weniger Marokkaner" wollen. Der Prozess ist noch nicht abgeschlossen. Die Medien und das Justizministerium stellen sich eindeutig gegen jeden, der sich der Einwanderungspolitik der offenen Tür widersetzt.

In anderen Ländern sind ähnliche Parteien aufgetaucht. Frankreich hat Le Pen, Deutschland hat die AfD, Spanien hat Vox, Schweden hat seine Schwedendemokraten, Italien hat Salvini, Österreich hat Kurz, Großbritannien hat Nigel Farage. Polen, Tschechien und Ungarn sind sich einig in ihrer Weigerung, ihre Grenzen zu öffnen.

Fast alle diese Politiker sind in den Medien verrissen worden, Vergleiche mit dem Nazi-Regime sind häufig. Einige wurden verklagt, die meisten wurden bei der Bildung von Koalitionen ausgeschlossen (ein paar Ausnahmen wie Orban gibt es). Diese Politiker sind ständige Ziele hasserfüllter Propaganda, während die Kernparteien sie ächten.

Das Ende der Verlangsamung. Diese Verlangsamung der Migration dauerte an, bis die Unruhen im Nahen Osten und in Afrika in den 2010er Jahren riesige, neue Migrantenströme nach Nordwesteuropa auslösten. Krieg, Hungersnöte und Armut trieben Millionen von Menschen dazu, ihre Heimat zu verlassen und grünere Weiden zu suchen.

Angela Merkel öffnete ihnen die Tür und behauptete, dass Deutschland in der Lage wäre, sie zu versorgen. Die Migranten machten natürlich nicht in Griechenland halt, wo die

Arbeitslosigkeit ebenfalls hoch ist und die Armut zunimmt; nein, sie reisten durch den Balkan und machten nicht Halt, bis sie Deutschland oder Schweden erreichten. Das Schlaraffenland, wo die Regierungen Geld und Wohnraum verteilen.

Ein großer Teil der Migranten, welchen Grund sie auch immer im Asylamt angaben, floh nicht vor Gewalt und Todesangst. Sie flohen vor Armut und wirtschaftlichem Elend. Armut ist relativ und wird es immer geben. Diese Migrantenströme werden nie enden. Schon jetzt spricht man von einer neuen und kommenden Welle von "Klimaflüchtlingen". Flüchtlinge, die aus ihrer Heimat fliehen müssen, weil der Klimawandel diese Länder unbewohnbar machen wird. Außerdem werden diese Migranten natürlich ihren Weg nach Europa, in die Vereinigten Staaten und nach Ozeanien finden.

Australien ist am einfachsten vor Einwanderung zu schützen, da es von einem Ozean umgeben ist. Es hat sich entschieden, die Boote mit den Migranten zurückzuschicken, anstatt sie ins Land zu lassen, aber durch die legale Einwanderung konnten trotzdem viele chinesische und afrikanische Flüchtlinge ins Land kommen.

Demografisch gesehen wird Australien nie wieder dasselbe sein. Die Situation wäre noch schlimmer gewesen, wenn sie den Booten erlaubt hätten, nach Australien einzureisen, was mehr und mehr dazu eingeladen hätte, die Reise zu machen. Trotzdem haben sie es nicht geschafft, alle Boote zurückzuschicken, was Tony Abbott zu der Aussage veranlasste: "Dies ist ein Test des Willens und Australien hat verloren. Was zählt, ist, was die australische Regierung tut, nicht was sie sagt. Es ist an der Zeit, dass Australien die Abkehr von den Booten zu seiner Kernpolitik macht." Durch die Nähe zu Asien gibt es Hunderte von Millionen, die potenziell diese Reise machen würden. Mit seinen 20 Millionen Einwohnern kann Australien nur sehr wenige Migranten aufnehmen, bevor sich seine demografischen Aussichten drastisch ändern.

Auch im Fall von Australien und Neuseeland können wir diskutieren, ob die Europäer einen rechtmäßigen Anspruch auf diese Länder haben. Die Diskussion wird ähnlich verlaufen wie in den Vereinigten Staaten. In Australien leben noch die Aborigines. Das Land war einfach kaum besiedelt und hatte keine nennenswerte Zivilisation. Sicherlich hatten die Aborigines ihre Kultur, Weisheit und Kunst, aber sie lebten immer noch als Nomaden und Zivilisation oder Urbanisierung, wie wir sie kennen, gab es nicht.

Auch hier gilt die gleiche Logik. Selbst wenn die Europäer kein Recht haben, in Australien zu leben, warum sollten sie es dann den chinesischen, indischen und indonesischen Einwanderern überlassen? Warum können sie die Gesellschaft, die sie aufgebaut haben, nicht beibehalten und verteidigen? Schließlich nehmen diese chinesischen Neuankömmlinge den Aborigines genauso viel Land weg wie einst die Europäer; aber wenn man sieht, wie sich die Chinesen in Bezug auf die Kolonisierung verhalten, scheint es, dass sie sich weniger um die Erhaltung der Geschichte der Aborigines kümmern. Wir können alle sehen, was sie mit den Tibetern und Uiguren machen.

Der demografische Wandel ist sichtbar. Der Zweck dieses Buches wird nicht sein, zu beweisen, dass dieser demografische Wandel stattfindet, solche Informationen können in anderen Werken gefunden werden und können von jedem gesehen werden, der in London, Amsterdam, Paris, Berlin, New York, Sydney und so weiter herumläuft. Ich habe Online-Artikel geschrieben, die den demografischen Wandel für Länder wie Belgien, Schweden, die Niederlande, Deutschland, Frankreich und das Vereinigte Königreich detailliert beschreiben. Die Sache ist die, dass niemand ernsthaft behauptet, dass die Migration nicht stattfindet. Die Debatte hat sich darüber hinaus entwickelt. Wenn Sie doch Zweifel haben, googeln Sie die demografische Entwicklung des Landes, dass Sie interessiert. Es wird vielleicht nicht häufig darüber gesprochen, aber die Wahrheit wird auch nicht versteckt. Der Punkt ist nicht, dass irgendjemand behauptet, dass ein solcher demografischer Wandel nicht stattfindet, sondern dass er behauptet, der Wandel sei eine gute Sache, die wir begrüßen sollten.

Mehr und mehr kleinere Städte können der Liste der multikulturellen Städte hinzugefügt werden. Mehr und mehr Teile Ihres Landes verändern sich langsam. Städte und Dörfer, die von der Einwanderung unberührt geblieben sind, beginnen den Migrationsdruck zu spüren.

Mein Leben in Luton. Ich persönlich habe einige Jahre meines Lebens in Luton im Vereinigten Königreich verbracht, eine der ersten Städte, in der die weißen Briten zu einer

Minderheit wurden. Ganze Stadtteile sind mit pakistanischen und indischen Einwanderern gefüllt. Die Stadt ist schmutzig, die Kriminalität ist hoch und niemand fühlt sich sicher.

Wenn man nach Nachrichten über Luton googelt, findet man eine Rattenplage, wobei Luton auf Platz eins der schmutzigsten Städte Großbritanniens steht. Ich kam eines Tages nach Hause und fand eine tote Ratte auf meiner Küchentheke liegen. Es war ein grässlicher Geruch und ziemlich beunruhigend, da Maden in dem Kadaver herumkrabbelten. Ist es ein Zufall, dass in der multikulturellsten Stadt eine Rattenplage auftritt? Oder gibt es einen Zusammenhang zwischen Sauberkeit und den Menschen, die in einer Stadt leben?

Weiteres Googeln zeigte Pro-Dschihad-Proteste. Es zeigte Nachrichtenartikel über Terroristen, die sich dort treffen. Es zeigte, dass Luton die am wenigsten wünschenswerte Stadt im Vereinigten Königreich ist.

Pakistanische Banden präparierten junge englische Mädchen, entführten sie, vergewaltigten sie und prostituierten sie an ihre Freunde. Ein schreckliches Schicksal, dass Hunderttausende von Mädchen erlebt haben. Die Polizei verheimlichte die Schwere des Problems, um die pakistanischen Elemente in der Gesellschaft nicht zu verärgern; denn die Verbrechen waren eindeutig mit den pakistanischen Gruppen verbunden. Da "Grooming" eher milde klingt, würde ich empfehlen, "Secret Slave" von Anna Ruston zu lesen. Es ist die Geschichte eines Mädchens, das über ein Jahrzehnt lang von einer pakistanischen Familie im Vereinigten Königreich gefangen gehalten wurde. Die Vergewaltigung, Folter, Prostitution und psychische Misshandlung kennt keine Grenzen.

Innerhalb von drei Monaten, nachdem ich dort lebte, wurde ein Mann mitten auf der Straße, um die Ecke, wo ich wohnte, getötet. Er wurde auf der Motorhaube seines Autos erschossen. Ich erfuhr davon nicht aus der Zeitung, sondern weil die Polizei an dem Ort auftauchte, an dem ich arbeitete und einen Kollegen befragen wollte, der ein möglicher Zeuge des Ereignisses war.

Die Leute mieden die Parks nach Sonnenuntergang. Zugegeben, die Parks waren meist sehr schön und entspannend, wenn auch nicht immer sehr gut beleuchtet. Offen gesagt war das Vertrauen in die Gemeinschaft so gering, dass nur Jugendbanden bereit waren, nach Einbruch der Dunkelheit in Parks herumzuhängen. Abends geht man dort nicht joggen. Die Bereitschaftspolizei musste eines Tages auftauchen, als Banden afrikanischer Jugendlicher nach einer Karnevalsfeier aneinandergerieten. Ich beobachtete, wie sie Ziegelsteine auf vorbeifahrende Autos warfen, die Autos wichen Gruppen von Afrikanern aus, die die Straße blockierten, indem sie über den Bürgersteig fuhren. Die afrikanischen Mädchen, die das beobachteten, feuerten die Gruppen von jungen Männern an. Sie schienen die Aufregung und die Gewalt zu lieben. Ich wurde nicht Zeuge des Endes, da ich rauskam, bevor die Bereitschaftspolizei auf den Hauptplatz kam. Trotz Online-Suche konnte ich nicht einmal einen Hinweis darauf finden, dass dieses Ereignis stattgefunden hatte. Offenbar ist es in einer multikulturellen Gesellschaft nicht einmal berichtenswert, wenn die Bereitschaftspolizei auftaucht. Nicht einmal in den lokalen Nachrichtenquellen.

Als meine Schwester zu Besuch war und eine Abkürzung zum Einkaufszentrum durch das pakistanische Viertel führte, dauerte es nicht lange, bis die wütenden Blicke pakistanischer Männer, die meine Schwester ohne verschleiertes Haar herumlaufen sahen, uns dazu brachten, eine andere Route zu wählen.

Luton ist der Ort, den Tommy Robinson, den Gründer der English Defence League (EDL) und spätere Reporter für Rebel Media, hervorgebracht hat. Tommy gab an, dass er sich der Gründung der EDL zuwandte, nachdem seine weibliche Cousine von asiatischen Gangs "groomed" (sich das Vertrauen erschleichen, um sexuelle Handlungen vorzunehmen) und vergewaltigt worden war.

Als kleine Nebenbemerkung; Tommy Robinson war auch Co-Autor eines Buches zusammen mit Peter McLaughlin. Das Buch trug den Titel "Mohammeds Koran" und enthielt eine Kopie von Koranversen und erklärte muslimisches Verhalten anhand der, meist aggressiven, Zitate aus dem Koran. Amazon, der größte Buchhändler der Welt, verbot den Verkauf des Buches, weil es unangemessen sei. Eine seltsame Entscheidung, zumal sogar "Mein Kampf" von Adolf Hitler bei Amazon zum Verkauf steht. Es ist dennoch ein interessantes Buch und ich bin froh, mein Exemplar direkt von Tommy erhalten zu haben, als ich mit ihm auf einer Signierstunde in Manchester sprach. Eine Veranstaltung, die selbst fast abgesagt wurde, da niemand bereit war, ihn zu empfangen. Am Ende fand sie auf einem öffentlichen Platz statt, mit vielen Polizeieinheiten in der Nähe, um sicherzustellen, dass es nicht eskaliert.

Luton ist die Stadt, in der muslimische Demonstranten herumlaufen und "Britische Polizei, fahr zur Hölle" skandieren können. Luton ist ein bekanntes Zentrum, in dem sich Dschihadisten und radikale Muslime treffen, und es ist der Ort, an dem sich die Bombenleger des Anschlags in London 2005 versammelten, bei dem 56 Menschen getötet wurden. Luton ist das, was meiner Meinung nach die Zukunft für ganz Europa bereithält, wenn der aktuelle Trend anhält. Es war ein Experiment im kleinen Maßstab über die Auswirkungen einer vielfältigen, multikulturellen Gesellschaft. Die Ergebnisse waren katastrophal. Luton ist eine Katastrophe.

Ich war aus beruflichen Gründen nach Luton gezogen. Da ich aus dem Ausland zugezogen war und das Vereinigte Königreich bis dahin noch nie besucht hatte, hatte ich keine Ahnung, was auf mich zukommen würde. Ich fand bald heraus, dass es unmöglich war, sich in dieser Stadt wirklich einzuleben und an dem Tag, als ich meine Koffer packte und abreiste, war ich sehr froh, dieses Kapitel meines Lebens abzuschließen. Als ich in das deutsche Bundesland Westfalen zog, war ich enttäuscht, dass ähnliche Trends zu beobachten waren.

Viele feiern unsere multikulturelle Zukunft. Sie feiern die Vielfalt, die sie mit sich bringt, aber ist sie etwas, das es wert ist, gefeiert zu werden. Die Frage ist nicht, sind einige Menschen besser als andere. Die Frage ist: Sollen all diese Menschen gemischt unter einander leben? Sollten die Europäer ihre Heimat verlieren und damit auch ihr Recht, den Weg zu bestimmen, den sie gehen?

Gibt es Vorteile der Segregation zwischen Kulturen und Völkern? Der Begriff Segregation ist ein gefährlicher Begriff, der die Erinnerung an die Rassentrennung, die die Schwarzen in den Vereinigten Staaten diskriminierte, noch immer in sich trägt. Doch ist es Rassendiskriminierung, wenn man sagt, die Kurden sollten ein unabhängiges Heimatland haben? Ein Heimatland, in dem sie von den Türken und anderen arabischen Völkern, die sie umgeben, getrennt sind. Ist es Rassendiskriminierung zu sagen, Tibet sollte frei und tibetisch sein? Ein Heimatland, in dem die Tibeter von den Scharen der Han-Chinesen getrennt sind. Der chinesische Schriftsteller Ma Jian sagte: "Ich glaube, dass die Tibeter das Recht haben sollten, über ihr eigenes Schicksal zu bestimmen und selbst zu entscheiden, ob sie Teil Chinas sein wollen oder nicht. Aber diese Ansicht wird von den meisten Chinesen nicht geteilt oder sogar von den Führern der meisten westlichen Demokratien. Solange die Kommunistische Partei an der Macht ist, gibt es wenig Hoffnung für Tibet."

Ist es Rassendiskriminierung zu sagen, der Südsudan sollte vom Sudan unabhängig sein? Ist es Rassendiskriminierung, wenn man sagt, dass Polen polnisch bleiben sollte, anstatt von einem Zustrom deutscher und russischer Migranten überschwemmt zu werden? Ist es Rassendiskriminierung zu sagen, dass der Senegal ganz und gar senegalesisch bleiben sollte, anstatt zuzusehen, wie sie zu einer Minderheit in ihrem Land werden, wenn Horden russischer Migranten beschließen, sich dort niederzulassen? Ist es Diskriminierung zu sagen, dass Israel jüdisch bleiben sollte, ein

Land, in dem sie von den umliegenden Arabern getrennt sind? Warum klingen diese Beispiele albern und lächerlich, wenn doch genau das passiert, wenn sich asiatische und afrikanische Migranten in Europa niederlassen. Verdienen die Europäer kein Heimatland? Ist das ihre Strafe für die Eroberung der Welt?

Es ist nicht Ignoranz, sondern Gleichgültigkeit, die dazu führt, dass die europäischen Eingeborenen tatenlos zusehen, wie sich die Welt um sie herum verändert. Es liegt wenig Schuld bei ihnen, denn ihnen wird im Fernsehen, in den Zeitungen, im Radio und von ihren Vertretern in der Regierung immer wieder gesagt, dass es keine Rolle spielt, ob die Nation europäisch, afrikanisch oder asiatisch ist. Die Menschen sind jedoch das, was die Nation ausmacht.

Dennoch liegt ein Teil der Schuld bei ihnen. Sie ignorieren die Realität um sie herum und plappern die gleichen Schlagzeilen nach, die ihnen wiederholt werden. Wenn die Europäer selbst denken, ihre Augen öffnen und ihre Angst verlieren, ihre Meinung zu sagen, könnten sie den Weg, den wir in die Zukunft einschlagen, beeinflussen.

Vielleicht fehlt es Europa einfach an diesen Tugenden. Es sind die modernen europäischen Tugenden der Toleranz, des Individualismus und der Umarmung der Vielfalt, die sie schwach machen. Toleranz ist besser als Apathie zu bezeichnen, denn sie ist eine Gleichgültigkeit gegenüber dem, was alle anderen tun. Individualismus sorgt dafür, dass sich jeder nur um seine eigenen Probleme kümmert. Und Vielfalt zu umarmen, das bedeutet nur die Zerstörung der eigenen

Kultur und des eigenen Erbes.

Einige mögen sich fragen, welche Kultur wir überhaupt haben? Sind unsere westlichen Länder nicht fade, mit nichts Besonderem in ihrer Kultur? Kulturen sind schwer zu beurteilen, wenn man selbst ein Teil davon ist. Dennoch, gehen Sie in ein anderes Land und sehen Sie, wie anders die Dinge dort sind. "The Culture Map" ist ein Buch, das sehr detailliert auf die Messung kultureller Unterschiede mit spürbaren Auswirkungen eingeht. Kate Fox hat es geschafft, ein ganzes Buch über die Briten und ihre eigentümliche Kultur zu schreiben. Kultur ist real, und sie ist es wert, bewahrt zu werden. Was ist mit Tugenden wie Ehre, Mut, Selbstbestimmung, Selbstvertrauen und dem Einstehen für das, was man für richtig hält? Ohne eine Änderung unserer moralischen Vorstellungen darüber, was es bedeutet, ein "guter Bürger" zu sein, wird es ein harter Kampf sein, die Gesellschaft zu verändern, in der wir leben.

Was ist besser? Die Vielfalt der Heterogenität oder die Gleichartigkeit der Homogenität? Was sind die Auswirkungen? Heterogenität bedeutet, dass die Personen anders sind. Ein Heterosexueller ist jemand, der für eine Person des anderen Geschlechts schwärmt, während ein Homosexueller für Personen des gleichen Geschlechts schwärmt. Homogenität wird also verwendet, um eine Gruppe von Menschen zu beschreiben, die einander ähnlich sind. Nun, da unsere Länder immer heterogener werden, was nicht zu leugnen ist, stellt sich die Frage, ob das eine gute Sache ist. Ist es das wert? Macht uns die Vielfalt wirklich stärker? Brauchen wir die Arbeitskräfte, um unsere Wirtschaft wachsen zu lassen? Eine demografische Flutwelle steuert direkt auf uns zu. Begrüßen wir diese Welle und versuchen, auf ihr zu surfen oder sehen wir die mögliche Zerstörung, die sie mit sich bringen wird und bauen wir Küstenverteidigungen auf? Die Migrationsfrage ist die größte Herausforderung unserer Zeit, und sie wird die größten nachhaltigen Auswirkungen haben. Es ist ein Thema, mit dem sich jeder Wähler auseinandersetzen muss, denn alles andere hängt davon ab.

"Es gibt eine demografische Katastrophe in Europa über die niemand sprechen will, die wir uns nicht zu erwähnen trauen, weil wir so vorsichtig sind, um die Leute nicht rassistisch zu beleidigen."

-John Rhys-Davies

Quellen:

[1] https://ec.europa.eu/info/strategy/priorities-2019-2024/new-push-european-democracy/impact-demographic-change-europe_en

[2] https://www.pewresearch.org/hispanic/2015/09/28/modern-immigration-wave-brings-59-million-to-u-s-driving-population-growth-and-change-through-2065/

3. ES IST ALT, ABER EBENSO NEU

"Der Islam ist das trojanische Pferd in Europa. Wenn wir die Islamisierung jetzt nicht stoppen, werden Eurabia und Netherabia nur eine Frage der Zeit sein. Vor einem Jahrhundert gab es etwa 50 Muslime in den Niederlanden. Heute gibt es etwa 1 Million Muslime in diesem Land. Wo wird das enden? Wir steuern auf das Ende der europäischen und niederländischen Zivilisation zu, so wie wir sie kennen."

- Geert Wilders

Eines der ersten Dinge, die in einem Buch über Einwanderung geklärt werden müssen, ist, dass es große Unterschiede zwischen den Gruppen von Einwanderern gibt. Einwanderer werden aus unterschiedlichen Gründen in das Zielland gelockt, sie haben unterschiedliche Hintergründe und sie tragen auf unterschiedliche Weise bei. Die Einwanderung selbst ist kein neues Merkmal der globalisierten Welt. Sie hat schon vorher stattgefunden. Was neu ist, ist das Ausmaß, die Masse der Menschen, die migrieren. Und sie wandern nicht in das Land nebenan, nein, sie wandern quer über den Globus an Orte, die ihnen kostenlose Handreichungen geben.

Der Zweck dieses Buches ist nicht zu sagen, dass jede Einwanderung schlecht ist und niemals existieren sollte. Migration an sich ist nicht per se schlecht. Unkontrollierte, unbegrenzte und unerwünschte Einwanderung ist jedoch ganz sicher schlecht. Die Tatsache, dass einige Einwanderer einen positiven Einfluss auf eine Nation haben können, bedeutet nicht, dass sie auch in großen Mengen von Vorteil sind. Manche Arten von Einwanderern sind nie wirklich hilfreich für die Entwicklung einer Nation. Ein bisschen Alkohol mag vergnüglich sein, große Mengen Alkohol machen dich krank, schwach, geben dir einen massiven Kater und können dich letztendlich töten. Ein paar Migranten mögen ein angenehmes Stück Exotik verursachen, aber wenn sie die Nachbarschaft verdrängen, sind die Ergebnisse ganz anders.

Die grundsätzliche Aufteilung zwischen Einwanderern ist einfach. Westliche und nicht-westliche Einwanderer. Europäer mit ihrer gemeinsamen Kultur und Geschichte, versus Nichteuropäer mit ihren Werten und ihrem Glauben. Christentum gegen Islam. Kaukasier gegen den Rest. Die nördlich des Mittelmeers gegen die südlich davon. Die westlich des Urals gegen die östlich davon. Die oberhalb des Kaukasus gegen die unterhalb. Diejenigen westlich des Bosporus gegen die östlichen.

Einige dieser Migranten sind den dominanten Ländern, in die sie einwandern, ähnlich, während andere gravierende kulturelle, sprachliche und religiöse Unterschiede aufweisen. Einige sind sich in den meisten Themen sehr ähnlich und kommen gut miteinander aus, während andere auf die Kultur des Landes, in das sie einwandern, herabsehen. Für manche ist die Integration leicht. Für andere ist die Integration schwierig und eher die Ausnahme als die Regel.

Wir wollen lediglich zeigen, dass definitiv nicht jede Einwanderung vorteilhaft ist, dass sie sogar nachteilig sein kann und dass Gesellschaften sich überlegen sollten, ob sie Einwanderer brauchen, woher diese Einwanderer kommen sollten und wie viele benötigt werden.

Zu sagen, dass wir Einwanderer brauchen, macht keinen Sinn, solange wir diese drei damit verbundenen Fragen nicht beantworten können. Niemand scheint jedoch daran interessiert zu sein, diese Fragen zu diskutieren, sie machen daraus eher eine binäre Frage; entweder ist alles gut oder alles schlecht.

Da die Massenmedien den Standpunkt vertreten, dass Einwanderung gut ist, müssen wir zunächst diesem Teil der binären Schlussfolgerung entgegenwirken. Wenn die globale Sichtweise wäre, dass Einwanderung immer schlecht ist, hätte der Schwerpunkt dieses Buches darin bestanden zu zeigen, dass manchmal ein gewisses Maß an Einwanderung eine gute Sache sein kann. Es ist nie so einfach zu sagen, dass etwas schwarz oder weiß, gut oder böse, offen oder geschlossen ist.

Wie ich bereits erwähnt habe, bin ich selbst ein Migrant. Ich habe die letzten fünf Jahre außerhalb meines Heimatlandes, meiner "Heimat", gelebt. Wenn ich behaupten würde, dass alle Einwanderung schlecht ist, wäre das ziemlich heuchlerisch, denn dann wäre ich ein Teil des Problems. Die Sache ist die, dass das nicht das ist, was ich behaupte. Migration ist nicht unbedingt schlecht und muss nicht auf Null reduziert werden.

Abgesehen davon hat es im Laufe der Geschichte immer ein gewisses Maß an Einwanderung gegeben. Der wesentliche Unterschied ist, dass sich das Ausmaß der Einwanderung in bestimmte Länder drastisch verändert hat. Die Einwanderung an sich ist nicht neu, aber die Einwanderung in ihrem derzeitigen Ausmaß und von so unterschiedlichen Gruppen ist neu. Das Ausmaß der Einwanderung ist so hoch, dass die einheimische Bevölkerung effektiv durch die Neuankömmlinge ersetzt wird. Ersetzt in dem Sinne, dass, wenn die alten Europäer ins Jenseits gehen, die Einwanderer ihre leeren Häuser auffüllen, um den Mangel an Neugeborenen auszugleichen, was die Bevölkerung nicht schrumpfen lässt, sondern sie sogar in Richtung Wachstum treibt. Die Vereinten Nationen haben Dokumente, die die Möglichkeit der "Ersatzmigration" für die westlichen Länder bestätigen. Sie sehen darin eine Lösung für Rentenzahlungen und Wirtschaftswachstum, obwohl diese Dokumente in verschwörungstheoretischen Kreisen oft als Beweis für einen Plan zum weißen Genozid genannt werden. Die freiwillige Entscheidung, keine Kinder zu bekommen und für Politiker zu stimmen, die die Grenzen öffnen, ist kein Völkermord, sondern kollektiver Selbstmord.

Das ist in der Geschichte nur dann passiert, wenn der Eingeborenenstamm erobert wurde und sich den Einwanderern, den Eroberern, nicht widersetzen konnte. Niemand beschließt freiwillig, Fremden zu erlauben, sein Land zu besiedeln, es sei denn, er ist unfähig, sie aufzuhalten. Wir erlauben es nicht nur, wir laden sie ein. Es ist gesellschaftlicher

Selbstmord.

Ein Dorf mit hundert Einwohnern hat kein Problem damit, den verirrten Fremden aufzunehmen, der einmal in zehn Jahren in seine Stadt stolpert. Wenn diese Zahl auf zehn pro Jahr ansteigt, dauert es nur ein Jahrzehnt, bis es genauso viele Neuankömmlinge wie Einheimische gibt, vorausgesetzt, die Einheimischen pflanzen sich weiterhin fort und halten ihre Bevölkerung stabil bei hundert.

Was passiert, wenn die Bevölkerung des Dorfes über einen Zeitraum von fünfzig Jahren von hundert auf nur noch siebzig schrumpft, während gleichzeitig in diesem Zeitraum hundert Neuankömmlinge eintreffen (also nur fünf pro Jahr)? Plötzlich sind die Einheimischen zu einer Minderheit geworden. Wenn sie eine Minderheit sind, wer hat dann die Kontrolle? Können sie noch die Geschicke ihres Stammes lenken, oder haben sie die Kontrolle an die Neuankömmlinge abgegeben, die eine neue Mehrheit bilden?

Dies ist die entscheidende Frage. Die Mehrheit, besonders in einer Demokratie, bestimmt die Kultur. Sie bestimmt, wohin die Mittel verteilt werden. Sie bestimmt, welche Abstriche gemacht werden müssen. Wer erhält Leistungen, wer bekommt Subventionen, wer wird besteuert? Welches Projekt bekommt grünes Licht, und welches wird gestrichen? Unterschiedliche Nationen treffen unterschiedliche Entscheidungen, basierend auf unterschiedlichen Werten.

Ein kurzes Beispiel aus dem wirklichen Leben: Latino-Wähler in den Vereinigten Staaten. Umfragen zeigen, dass

Latinos, die aus Mexiko, Guatemala, Venezuela und anderen mittel- und südamerikanischen Ländern stammen, im Allgemeinen eher die Demokraten wählen und sozialistische Politik unterstützen. Sie sind für höhere Steuern und eine größere Unterstützung der Wohlfahrt. Sie legen weniger Wert auf Sicherheit und einen fiskalischen Ausgleich. Die Wahl zwischen mehr Polizei auf den Straßen oder mehr Wohlfahrtszahlungen an die Armen ist eine sinnvolle Wahl. Das Recht auf Selbstbestimmung ist genau das, eine homogene Gruppe, die für sich selbst entscheiden kann, ihre Energie und Ressourcen auf die Dinge zu verteilen, die ihr wichtig sind. Eine Gruppe, die von Außenstehenden regiert wird, die nicht zu ihrem homogenen Kulturkreis gehören, ist hingegen den Launen ihrer Oberherren ausgeliefert und kann erleben, dass Dinge, die ihnen wichtig sind, plötzlich nicht mehr finanziert werden.

Stellen Sie sich eine Stadt mit schönen Parks vor. Die Einwohner zahlen ein paar Extra-Steuern für den Unterhalt dieser Parks, aber sie lieben sie trotzdem, sie finden es lohnenswert, ihr Geld für das Grün der Stadt auszugeben. Nun stellen Sie sich eine Gruppe von Neuankömmlingen vor, die überhaupt keine Parks mag, sondern stattdessen gerne Skateboard fährt. Wenn sie die Mehrheit werden, lenken sie die Gelder für die Parks stattdessen in Skateparks. Die Grünanlagen werden durch Betonklötze ersetzt. Die ursprünglichen Bewohner der Stadt haben nun einen Anreiz, sich in eine neue Stadt abzuspalten, in der sie wieder ihre Parks errichten und ihre Lebensart genießen können. Solcher freiwilliger Separatismus findet bereits statt und wird als "white flight" bezeichnet.

Wenn es nur eine Person gewesen wäre, die in das Gebiet gezogen wäre, gäbe es das Problem nicht. Hätten die Menschen, die in das Gebiet einwandern, die gleichen Werte gehabt, gäbe es das Problem nicht. Das Problem beginnt, wenn Horden von Menschen mit unterschiedlichen Werten einwandern. Und genau das ist ein neuer Trend, etwas, das wir bisher nicht gesehen haben.

Wir alle wissen auf einer gewissen Ebene, dass Einwanderung nicht immer gut ist. Die Migration der mongolischen Horden im Mittelalter brachte überall Tod und Zerstörung; von China bis Europa. Obendrein brachte sie die schwarze Pest nach Europa und dezimierte die Bevölkerung. Was für die Mongolen gut war, war nicht gut für alle anderen. Die Europäer, die nach Amerika einwanderten, brachten Krankheiten mit, die die einheimischen Bevölkerungen dezimierten. Das war gut für die Europäer, aber nicht für die Ureinwohner Amerikas. Was für den einen gut ist, ist nicht immer gut für den anderen. Die gleiche Frage muss für die modernen Einwanderungswellen gestellt werden. Ist sie wirklich gut, und wenn ja, für wen?

Die Forschung belegt einen klaren Unterschied zwischen den Migrantengruppen. Studien haben gezeigt, dass europäische Migranten tatsächlich die Finanzwirtschaft des Vereinigten Königreichs ankurbeln, während nichteuropäische Einwanderer einen negativen Einfluss haben, mit anderen Worten, sie kosten nur Geld. [1]

Es ist zu erwarten, dass diejenigen Migranten, die der

aufnehmenden Nation am ähnlichsten sind, sich am besten integrieren werden. Ihre ähnlichen Überzeugungen verhindern eine schockierende Veränderung in der Selbstbestimmung der Nation. Ihre Ähnlichkeit wird die gegenseitige Verheiratung sicherstellen, und wenn sie in kleiner Zahl kommen, werden sie absorbiert werden. Kleine Zahlen von Migranten, die dem Gastgeber ähnlich sind, das kann ertragen werden, das kann ein positiver Einfluss sein. Wenn die Migranten entweder in größerer Zahl kommen oder sich stärker von der Gastnation unterscheiden, kommt es zu Problemen.

"[Europa] muss auf absehbare Zeit mindestens eine Million Asylsuchende pro Jahr aufnehmen."

-George Soros

Quellen:

[1]
http://onlinelibrary.wiley.com/doi/10.1111/ecoj.12181/abstract

4. ARBEITER GESUCHT

"Wenn Sie keine Migration haben, können Sie wichtige Arbeitsplätze nicht besetzen, um die Wirtschaft in Gang zu halten."

- Brunson McKinley, Generaldirektor der Internationalen Organisation für Migration

Das typische Argument, das die ersten Einwanderungswellen nach Europa angetrieben hat und die Einwanderung in die Vereinigten Staaten weiter antreibt, ist, dass die Einwanderer dazu da sind, die Arbeiten zu erledigen, die "wir" nicht machen wollen. Dieses "wir" bezieht sich auf die überwiegend weiße Mehrheitsbevölkerung. Offensichtlich sind die europäischen Nationen zu arrogant, um einen Job anzunehmen, wenn wir ihn als nicht prestigeträchtig genug empfinden, und würden sich lieber auf Arbeitslosengeld ausruhen.

Ob jemand einen Job machen will oder nicht, hängt von mehreren Faktoren ab. Von der Attraktivität des Jobs an sich und der Bezahlung dafür. Sehr begehrte Jobs, die aus sich heraus Freude und Befriedigung bringen, wie z.B. das

Musizieren, werden oft nicht sehr gut bezahlt. Es sei denn, man gehört natürlich zur Weltspitze, dann können Musiker ihr Einkommen skalieren, aber das sind die Ausnahmen. Nichtsdestotrotz können die meisten Musiklehrer nicht mit ihrem Gehaltsscheck prahlen. Die meisten Künstler kämpfen, um über die Runden zu kommen, aber sie machen es weiter, weil sie lieben, was sie tun.

Ein Job wie Müllmann ist deutlich weniger erstrebenswert. Die Leute nehmen diesen Job an, weil sie Rechnungen zu bezahlen haben. Niemand träumt als Kind davon, Müllmann zu werden, niemand würde den Job machen, auch wenn er keinen regelmäßigen Gehaltsscheck einbringt. Es mag ein paar Ausnahmen auf der Welt geben, von Menschen, die fanatisch darauf aus sind, Müll loszuwerden. Ich möchte mich bei dem Mann entschuldigen, der dies liest und sich seinen Kindheitstraum erfüllt hat, indem er Abfallbeseitiger wurde. Mehrere Faktoren treiben Menschen dazu, Jobs wie Müllmänner anzunehmen. Menschen nehmen vielleicht einen niedrig qualifizierten Job an, weil sie keine anderen Möglichkeiten haben. Ohne Schulbildung oder besondere Talente kann es schwierig sein, einen besseren Job zu finden. Dieser Effekt ist in Zeiten hoher Arbeitslosigkeit stärker und verringert sich, wenn die Arbeitslosigkeit niedrig ist und eine hohe Nachfrage nach Arbeitskräften besteht. Wie also kann der Arbeitgeber in Zeiten niedriger Arbeitslosigkeit um Arbeitskräfte konkurrieren? In Zeiten, in denen es für den ungelernten Arbeiter leicht ist, anderswo einen prestigeträchtigeren Job zu finden. Die Antwort ist in einer kapitalistischen Gesellschaft recht einfach.

Wenn Sie etwas wollen, müssen Sie dafür bezahlen. Wenn Sie Schwierigkeiten haben, Mitarbeiter zu finden, die bereit sind, für Sie zu arbeiten, müssen Sie bereit sein, mehr zu zahlen. Wenn das Gesamtangebot an Müllmännern sinkt, während die Nachfrage stabil bleibt, müssen Sie den Preis für deren Arbeit erhöhen, um ein neues Gleichgewicht zu erreichen. Entweder das, oder man investiert Geld in ein Müllmanagementsystem, das weniger Arbeitsstunden benötigt und dadurch die Nachfrage nach Müllmännern reduziert. Nun könnte man sagen, dass, wenn es generell zu wenig Arbeitskräfte gibt, dies das Problem nur von den Müllmännern auf einen anderen Berufszweig verschiebt, da es insgesamt immer noch mehr Arbeitsplätze als Arbeitskräfte im Land gibt. Das ist leider schlichtweg Unfug. Die Löhne für Müllmänner müssen erhöht werden, denn sie sind für eine gut funktionierende Stadt unverzichtbar. Nicht alle Berufe sind unverzichtbar, und die Kräfte des Wettbewerbs werden bestimmen, welche Berufe aufhören werden zu existieren, weil die Unternehmen verkleinert werden müssen oder in Konkurs gehen.

Wenn das seltsam oder unglaublich klingt, dann schauen Sie sich an, was in den letzten Jahrzehnten passiert ist. Die Löhne sind nach dem Zweiten Weltkrieg gestiegen, und die Arbeitsplätze wurden in Niedriglohnländer wie China, Bangladesch und Indien verlagert. Dort sind viele Arbeiter bereit, schlecht bezahlte Jobs anzunehmen. Die gesamte arbeitsintensive Industrie ist abgewandert, während Dienstleistungen und wissensintensive Unternehmen im Westen geblieben sind.

Ob jemand einen Job will oder nicht, hängt von der Entlohnung ab, die ihm gegenübersteht. Investmentbanker ist ein Job, der von vielen gewünscht wird, nicht wegen der Freude, die er mit sich bringt, sondern weil er gut bezahlt wird. Da die Banken wissen, dass diese Investmentbanker viel Geld für die Bank verdienen können, sind sie bereit, mehr zu zahlen, um die besten Investmentbanker anzuziehen.

Wenn es einen Mangel an Müllmännern gibt, ist es nicht die einzige Lösung, mehr gering qualifizierte Arbeiter zu importieren, um diese Rolle auszufüllen. Sie hätten auch einfach die Löhne erhöhen können. Es gibt keine Sache, die mehr oder weniger Arbeiter "braucht", um alle Jobs in der Wirtschaft zu besetzen; das einzige, was passiert, ist, dass die Wirtschaft einige Zeit braucht, um sich auf ein neues Gleichgewicht einzustellen, basierend auf der Anzahl der Arbeiter, die nach Jobs suchen.

Der Vorteil dieses Ansatzes wäre, dass die Löhne für alle gering qualifizierten Arbeiter in die Höhe schnellen. Das wird die Kosten für im Land produzierte Waren und erworbene Dienstleistungen erhöhen, aber es wird auch die Ungleichheit verringern. Die Löhne zwischen unten und oben konvergieren, anstatt auseinander zu gehen.

Einige mögen hier argumentieren, dass die höheren Löhne lediglich zu mehr Offshoring und zur Verlagerung von Unternehmen und Produktion ins Ausland führen werden. Das ist offen gesagt wahr; höhere Löhne werden bestimmte Firmen ins Ausland drängen. Betrachten Sie jedoch Länder wie Schweden, Norwegen oder Dänemark. Sie alle haben relativ hohe Löhne, und nicht viel Produktion. Trotzdem funktionieren ihre Volkswirtschaften gut. In der Tat werden diese Länder weltweit um ihre Gleichheit und hohen Löhne beneidet.

Offshoring und die Abwanderung von Unternehmen ins Ausland werden so oder so passieren, in einer globalen Freihandelswirtschaft sind solche Kräfte unaufhaltsam und sollten nicht gestoppt werden. Seit wann sind höhere Löhne für die Arbeiterklasse etwas, das nicht begrüßt werden sollte?

In den Vereinigten Staaten gibt es weitaus niedrigere Mindestlöhne, und Dienstleistungen bleiben billiger. Einwanderer, die die Zahl der Arbeitskräfte weiter erhöhen, besetzen diese schlecht bezahlten Jobs. Eine billige Taxifahrt mag für einige ein Vorteil sein, aber die allgemeine Ungleichheit im Land wird erhöht. Man kann nicht beides haben: ein billiges Taxi plus einen hohen allgemeinen Lebensstandard plus einen niedrigen Ungleichheitswert.

Wenn wir uns über die Ungleichheit innerhalb eines Landes beschweren, müssen wir verstehen, dass die Aufnahme von gering qualifizierten Einwanderern, die den Wert der gering qualifizierten Arbeit unterdrücken, eine Auswirkung hat. Wir können nicht allein den Kapitalismus für die steigende Ungleichheit in den USA verantwortlich machen, ohne den Einfluss von Migranten zu berücksichtigen, die diese schlecht bezahlten Jobs übernehmen.

Wir können beklagen, dass die Reallöhne (inflationsbereinigte Löhne) seit den 1970er Jahren stagnieren, und obwohl dies auf zahlreiche Ursachen zurückzuführen ist, haben die Löhne der Arbeiterklasse am meisten stagniert, da sie am meisten mit den Neuankömmlingen konkurrieren. Der Unterschied zwischen den Spitzenverdienern und den unteren Einkommensschichten ist größer denn je.

Man kann sich über die Arbeiterklasse lustig machen und sagen, dass man, wenn man nicht mit jemandem konkurrieren kann, der keine wirklichen Fähigkeiten hat oder die Sprache nicht spricht, es verdient, seinen Job zu verlieren oder einen niedrigen Lohn zu erhalten, aber das ist Elitismus. Es gibt viele Berufe der Arbeiterklasse, die diese Dinge nicht erfordern. Hatten Sie noch nie einen Taxifahrer, der kaum die Sprache spricht? Solange sie die Adresse verstehen und in ein Navigationssystem einfügen können, können sie fahren. In Lagerhäusern und Fabriken ist oft keine Ausbildung erforderlich, und alle erforderlichen Fähigkeiten werden durch Training on the Job erworben. Und in manchen Berufen sind die Menschen bereit, für geringere Kosten geringere Qualität in Kauf zu nehmen, selbst wenn man durch Erfahrung sehr gut in dem Job ist. Auf diese Weise kann ein guter Gärtner durch einen mittelmäßigen ersetzt werden, der bereit ist, für weniger Geld zu arbeiten.

Manchmal bringen Einwanderer natürlich auch Fähigkeiten aus ihrem Heimatland mit. Der Punkt ist hier nicht, dass sie keine Kompetenzen haben. Es geht darum, dass diese Kompetenzen innerhalb der Nation vorhanden sind, solange die Bezahlung stimmt. Einen billigen Gärtner, eine Haushälterin oder einen Taxifahrer zu wollen, oder auch einen billigen Softwareentwickler, ist kein guter Grund,

Masseneinwanderung zuzulassen. Sie mögen davon profitieren, wenn Sie derjenige sind, der diese Dienstleistungen kauft, aber der Schmerz ist auf gesellschaftlicher Ebene zu spüren. Die Arbeiterklasse existiert und wird auch weiterhin existieren. Die Realität der Probleme, mit denen sie konfrontiert sind, zu leugnen, ist klassistisch und arrogant. Noch schlimmer ist es, wenn man hinterher so heuchlerisch ist zu behaupten, dass man sich um die Ungleichheit im Land kümmert. Das ist nichts anderes als grundlegende Tugendsignalisierung.

Nun gibt es diese schlauen Leute, die gerne Kommentare abgeben, die sich auf die Tatsache beziehen, dass wenn ein ungelernter Einwanderer Ihren Job übernehmen kann, Sie ziemlich schlecht und/oder wertlos in Ihrem Job gewesen sein müssen. Es ist jedoch nicht notwendig, dass der Einwanderer eine bessere Arbeit macht. Sie sind einfach bereit, sie für weniger Geld zu machen, und sie vergrößern den Arbeitskräftepool, wodurch der Wert der Arbeit für alle gesenkt wird.

Gleiche Nachfrage, bei größerem Angebot. Das ist eine grundlegende Konsequenz von Angebot und Nachfrage. Da die Nachfrage nach ungelernter Arbeit gleich bleibt, erhöhen die neu angekommenen Einwanderer das Angebot an ungelernter Arbeit. Der neue Gleichgewichtswert von ungelernter Arbeit ist folglich niedriger als vorher. Stellen Sie sich das so vor: Wenn ein Einheimischer, der auf einer Farm aushilft, zehn Beeren pro Minute pflücken kann, der Einwanderer aber nur acht, wen würde der Bauer einstellen? Die Antwort ist der Einwanderer, denn er kann ihm nur die Hälfte des Lohns bieten, den er dem Einheimischen zahlen müsste. Der Punkt hier ist, dass es nicht so ist, dass Einwanderer notwendigerweise besser in diesen Jobs sind, obwohl natürlich einige es sind, aber sie machen es für weniger Geld und senken dadurch den Gesamtwert. Und lassen Sie uns mit der Theorie spielen, dass Einwanderer tatsächlich härter arbeiten und mehr Beeren für weniger Geld pflücken. Das ist möglich und wird in einigen Fällen auch so gehandhabt. In Europa ist es ziemlich üblich, dass Saisonarbeiter während der Erntezeit kommen, um etwas Geld dazu zu verdienen, bevor sie wieder nach Hause zurückkehren. Das hält die landwirtschaftlichen Produkte billig und versteckt die Inflation, die sonst auftreten würde. Ohne solche Einwanderer wären unsere Erdbeeren und Tomaten am Ende teurer.

Vielleicht haben in der Vergangenheit Teenager, die etwas Geld dazuverdienen wollten, solche Jobs angenommen. Aber wenn Teenager alles Geld, das sie brauchen, von ihren Eltern bekommen, warum sollten sie sich dann die Mühe machen, einen solchen Job anzunehmen? Unsere Kultur ermutigt sie nicht mehr, zu arbeiten.

Höhere Preise für Produkte werden etwas sein, das wir akzeptieren müssen. Dennoch gibt es Alternativen, um die Preise niedrig zu halten. Technologischer Fortschritt, Prozessverbesserungen oder der Import von Produkten aus dem Ausland, wo die Produktionskosten niedriger sind, sind alles Optionen, die die Preise senken werden, die nichts mit den Löhnen zu tun haben. Das ist es, was die Preise für die meisten Konsumgüter nach unten drückt.

Außerdem, wenn wir im Durchschnitt höhere Löhne haben,

ist es dann so schrecklich, dass auch die Preise höher sind? In Skandinavien sind sowohl die Löhne als auch die Preise relativ hoch, dennoch genießen die Menschen ein hohes Maß an Gleichheit, kombiniert mit einem insgesamt hohen Lebensstandard. Das Gleiche gilt für ein Land wie die Schweiz. Ja, die Schweiz ist teuer zum Leben und teuer für einen Urlaub, aber die Menschen, die dort arbeiten, verdienen ein hohes Einkommen und können es sich leisten, dort bequem zu leben.

Außerdem, warum sollten wir auf die Einheimischen herabschauen, die ungelernte Arbeit verrichten? Warum halten wir es für eine unehrenhafte Arbeit für sie, aber irgendwie ehrenvoller für einen Einwanderer, die Rolle des Müllmanns zu übernehmen?

Bringt die Vorstellung, dass die Einheimischen in Europa "zu gut" für diese Jobs sind, aber für Einwanderer sind die Jobs in Ordnung, nicht einen gewissen Rassismus in die Diskussion? Es erinnert an die alte Idee, dass Sklaven die niederen Arbeiten verrichten sollten, da sie aufgrund ihrer Hautfarbe minderwertig waren. Was für eine Arroganz zeigt es, zu sagen, wir sollten Immigranten holen, um die Jobs zu machen, die wir nicht machen wollen. Es zeigt nichts anderes als ein Gefühl der Überlegenheit der aufnehmenden Nation gegenüber den Einwanderern.

Sollten wir es nicht als kulturelles Problem betrachten, wenn sich unsere Leute, unabhängig vom Lohn, zu gut fühlen, um eine Arbeit auf dem Feld anzunehmen? Ich bezweifle, dass sich die Leute wirklich zu gut dafür fühlen. Es gibt viele Jobs, denen es an Prestige fehlt, und trotzdem nehmen die Leute sie an.

Insgesamt spielt eine Kombination aus Entlohnung und Arbeitsumfeld eine Rolle, die die Menschen dazu bringt, einen Job anzunehmen oder nicht. Wenn wir Menschen dazu bringen wollen, einen Job anzunehmen, gibt es immer Möglichkeiten, den Job attraktiver zu machen.

Die Idee jedoch, dass ungelernte Arbeit als unerwünschte Arbeit angesehen werden sollte, ist selbst ein Ergebnis der Klassenidentität. Die Vorstellung, dass jemand aufgrund seiner sozialen Klasse besser ist, wobei die soziale Klasse durch die Art der Arbeit bestimmt wird, die jemand verrichtet.

Der ehrliche, fleißige Handwerker sitzt ganz unten, während der Büroangestellte mit weißem Kragen ganz oben steht. Warum sollte der Grad der körperlichen Betätigung in einem Beruf über den damit verbundenen Status entscheiden? Wie fortschrittlich sind wir wirklich, wenn wir immer noch auf diejenigen herabblicken, die eine schweißtreibende Arbeit verrichten, im Gegensatz zu denen, die den ganzen Tag auf einem Stuhl sitzen? Warum ist die Finanzverwaltung prestigeträchtiger als ein Holzfäller? Geht es wirklich nur um Intelligenz?

Diese Verachtung für die Arbeiterklasse ist fehl am Platze. Der Fortschritt der Gesellschaft mag uns an einen Punkt gebracht haben, an dem scheinbar weniger Jobs der Arbeiterklasse benötigt werden, aber der größte Teil davon ist darauf zurückzuführen, dass diese Jobs ins Ausland verlagert wurden. Fabrikjobs sind nach China, Indien, Bangladesch und dergleichen gewandert.

Ja, ein Teil der ungelernten Arbeit ist im Zuge der fortschreitenden Automatisierung durch Maschinen ersetzt worden. Dennoch sind neue ungelernte Tätigkeiten entstanden. Ein erstaunlich großer Teil der Arbeit in Fabriken und Logistikzentren wird immer noch von ungelernten Arbeitskräften verrichtet.

Heißt das nicht, dass wir angesichts von Automatisierung und künstlicher Intelligenz keine Migranten mehr brauchen, um Arbeitsplätze zu besetzen? In der Presse gibt es ständig Horrorgeschichten über den Prozentsatz der Arbeitsplätze, die automatisiert werden, und die Massenarbeitslosigkeit, die uns bevorsteht. Selbstfahrende Autos werden alle LKW- und Taxifahrer überflüssig machen. Roboter ersetzen Fabrikarbeiter. Automatisierung ersetzt Büromitarbeiter. Wie können wir von Massenarbeitslosigkeit bedroht sein, während wir gleichzeitig einen ständigen Zustrom von Arbeitern brauchen, um unsere Wirtschaft am Laufen zu halten?

Eine Gesellschaft, die anerkennt, dass ungelernte Arbeit weiterhin gefragt sein wird, kann nicht entscheiden, dass keiner ihrer Bürger für diese Arbeit geeignet ist. Einwanderer zu importieren und sie in diese ungelernten Tätigkeiten zu drängen, ist keine langfristige Lösung, da sich die Einwanderer anpassen und sich in bessere Tätigkeiten einarbeiten werden. (Die Alternative dazu ist, dass die Einwanderer eine dauerhafte Unterschicht in der Gesellschaft bilden, was ebenfalls kein sehr wünschenswertes Ergebnis ist). Dadurch würden immer mehr Einwanderer benötigt, um diese unerwünschten Jobs weiterhin zu besetzen. Es ist nichts anderes, als billige Arbeitskräfte aus dem Ausland ins eigene Land zu holen, um dort billige

Dienstleistungen zu erbringen, und diesen Prozess immer wieder zu wiederholen. Es ist die Art von Kurzsichtigkeit, die man von Berufspolitikern erwarten kann, die nicht über den Wahlzyklus hinaus denken.

Das Problem, dass man Leute braucht, die diese Arbeiten ausführen, ist leicht zu lösen. Es wird gelöst, indem der Lohn erhöht wird. Nun mögen sich einige Leute fragen: Was ist, wenn es einfach zu wenige Arbeiter im Land gibt? Das ist unmöglich. Was bedeutet es überhaupt, zu wenig Arbeiter zu haben? Zu wenig Arbeiter, um was zu tun? Was ist das Optimum? Wie kann man so etwas feststellen? Könnte es zu viele arbeitswillige Menschen in einer Nation geben? Sollte die Regierung in diesem Fall die Menschen zur Auswanderung ermutigen, weil es nicht genug Arbeitsplätze gibt?

Nein, es ist die Anzahl der Arbeitsplätze, die an die Menschen angepasst werden muss. Nicht die Anzahl der Menschen an die Anzahl der Arbeitsplätze. Erhöhen Sie den Lohn, so werden weniger Arbeitnehmer von den Arbeitgebern gesucht, während mehr Menschen bereit sind, die Arbeitsplätze zu übernehmen. Dieses grundlegende Gesetz von Angebot und Nachfrage bestimmt das Gleichgewicht, genau wie bei jeder anderen Art von Gütern.

Ein Beispiel dafür finden wir im mittelalterlichen Europa, nachdem die Pest, der Schwarze Tod, seinen Weg durch die Länder genommen hatte. Die Sterblichkeitsrate war so hoch, dass die Löhne in ganz Europa massiv anstiegen. Schätzungen schwanken zwischen 75 und 200 Millionen Opfern weltweit, bei einer Weltbevölkerung von weniger als 500 Millionen. Es dauerte zwei Jahrhunderte, bis Europa wieder das Bevölkerungsniveau erreicht hatte, das es vor den großen Ausbrüchen hatte.

Städte und Dörfer wurden entvölkert und verödet. Die Menschen, die das Land bewirtschaftet hatten, waren einfach umgekommen, und die Natur konnte die Kontrolle über die verlassenen Ackerflächen zurückgewinnen. Die Überlebenden hatten jedoch Glück. Die Landbesitzer brauchten Menschen, um das Land zu bewirtschaften, da sie sonst nicht in der Lage waren, Feldfrüchte anzubauen. Die Gewinne für die Grundbesitzer sanken, aber die Löhne für die Bauern gingen durch die Decke.

Die Menge an Land hatte sich nicht verändert, nur die verfügbaren Arbeitskräfte waren weniger geworden, da ihre Angestellten (die Leibeigenen und Bauern) tot umgefallen waren. Die Nachfrage nach Arbeitskräften war also annähernd gleich geblieben, aber das Angebot war geringer. Die Nachfrage nach Arbeitskräften ging natürlich auch ein wenig zurück, da die Nachfrage nach Nahrungsmitteln aufgrund der geringeren Bevölkerungszahl geringer war. Dies wurde jedoch teilweise dadurch kompensiert, dass die Überlebenden in größerem Überfluss lebten und nicht an der Grenze zum Verhungern. Sie können sich vorstellen, dass ein Leben nahe dem Existenzminimum, eine leichte Erhöhung der Löhne, dazu führte, dass die Bauern mehr Lebensmittel konsumieren wollten.

Das Ergebnis waren höhere Löhne für diejenigen, die die Pest überlebten. Dieser Anstieg der Löhne trug möglicherweise stark zu einer egalitäreren Gesellschaft bei, die die Renaissance einleitete und dem alten Feudalsystem den Rücken stärkte. Der alte Adel, die Grundbesitzer, verlor Geld und Macht, während die Bauern und die Städte mehr Wohlstand und Freiheit gewannen.

Unsere modernen Regierungen hätten das gleiche Problem (das Problem der Schwarzen Pest, die alle Angestellten tötete) angegangen, indem sie die mongolischen Horden eingeladen hätten, zu kommen und das Land zu bearbeiten, was die Löhne nach unten gedrückt und das feudale System ermutigt hätte, weiter zu existieren.

Die Regierung wendet genau diese Logik an, da die Arbeitskräfte nicht durch die Pest, sondern durch Überalterung in Kombination mit niedrigeren Geburtenraten schrumpfen. Historisch gesehen war dieser Ansatz weniger praktikabel, da die Mongolen keine Lust auf Landwirtschaft hatten und stattdessen einen nomadischen Lebensstil mit Plünderungen bevorzugten. Sie wollten die Rolle der Großgrundbesitzer einnehmen, nicht die der Bauern. Daher wehrten sich die Grundbesitzer gegen die Ankunft der Mongolen. Selbst wenn man in dieser Zeit den Import von Fremdarbeitern vorgeschlagen hätte, wäre man von jedem als absoluter Schwachkopf abgestempelt worden, außer von den Grundbesitzern, die davon profitiert hätten.

Genau wie heute sind die Gewinner die großen Unternehmen, die die Löhne niedrig und die Gewinne hoch halten. Fair Play für sie, da es ihr Ziel ist, Werte für die Aktionäre zu schaffen; aber warum glauben unsere

Regierungen, dass dies gut für alle ist? Ist das, was gut für die Aktionäre ist, auch gut für die Nation? In einigen Fällen vielleicht, aber das scheint keine gute Regel zu sein, an die man sich halten kann.

Eine alternative Version der Geschichte wäre gewesen, dass unsere mittelalterlichen Vorfahren beschlossen hätten, die Mauren, die Spanien bewohnten, und die Osmanen, die auf dem Weg waren, das gesamte Byzantinische Reich zu erobern und nach Wien vorzudringen (ein paar Jahrhunderte später jedenfalls), einzuladen. Sie hätten Abgesandte schicken und die wachsende Bevölkerung dieser Regionen, die vielleicht weniger von der Pest betroffen waren, einladen können, ihre Ländereien neu zu besiedeln, um einen Bevölkerungsrückgang zu vermeiden.

Sie hätten die nomadischen Mongolen einladen können, die aus den östlichen Ebenen nach Europa drängten und nach einer neuen Heimat suchten. Sie luden sie mit offenen Armen ein und riefen aus, dass Flüchtlinge willkommen seien. Wie würden unsere bäuerlichen Vorfahren auf diese Idee reagieren? Es wäre schwierig, ihnen den beeindruckenden Nutzen zu erklären, den es bringen würde.

Vor allem den Spaniern, die zu dieser Zeit noch gegen die Mauren kämpften, die in ihr Land eingedrungen waren. Nachdem die Mauren im 8. Jahrhundert in Frankreich eingedrungen waren, sollte es bis 1492 dauern, bis die Reconquista abgeschlossen war. Warum haben sie sich die Mühe gemacht, gegen die Mauren zu kämpfen, anstatt tolerant zu sein und ihre Gesellschaft mit der ihren zu verschmelzen?

Es war der gleiche Grund, warum die Balkanländer wütend waren, als die Osmanen sie eroberten. Es war das gleiche Problem, das die Polen und Ukrainer mit den eindringenden mongolischen Horden hatten. Es ist derselbe Grund, warum sich Europa auf das Selbstbestimmungsrecht konzentrierte, nachdem der Erste Weltkrieg zu Ende gegangen war. Die Idee, dass ein Volk seinen eigenen Ausgang, seine eigene Lebensweise bestimmen kann. Die maurischen, mongolischen und osmanischen Oberherren verfolgten nicht unbedingt die gleichen Wünsche wie die Völker, die sie unterjocht hatten. Ihre Ziele waren nicht deckungsgleich. Und so wurden Opfer verlangt, die die unterworfenen Gruppen nicht bereit waren zu geben.

Das Gleiche passiert heute, wenn große Gruppen von Wählern, die einer anderen Gruppe angehören, für eine Politik stimmen, die gegen Ihre besten Interessen geht. Sie werden sehen, dass bestimmte Gruppen die gleiche politische Partei unterstützen. Amerikanische Schwarze unterstützen größtenteils die Demokratische Partei, während Trump rein aufgrund der weißen Wählerschaft gewonnen hat. Bei keiner anderen ethnischen Gruppe hat er eine Mehrheit erlangt.

Der einzige Gewinner von zusätzlichen ungelernten Arbeitskräften sind die Arbeitgeber und die großen Konzerne, die massenhaft ungelernte Arbeitskräfte benötigen. Indem sie den Preis für Arbeit niedrig halten, können sie ihre Kosten niedrig und ihre Gewinne hoch halten. Wenn sie ihre Löhne erhöhen müssten, um die einheimische Bevölkerung zur Arbeit zu bewegen, müssten sie entweder die Kosten auffangen, indem sie ihre Gewinne reduzieren, oder, wenn ihre Gewinnspannen nicht so groß sind, müssten sie den Preis ihrer Waren erhöhen. Das würde die Inflation in die Höhe treiben, denn die Inflation ist das Maß für den Preisanstieg von Waren. Im schlimmsten Fall könnte die Firma in Konkurs gehen. So schrecklich diese letzte Option auch klingt, Firmen, die bankrott gehen, sind ein wesentliches Element einer kapitalistischen Gesellschaft mit freiem Handel. Einige sind erfolgreich, andere scheitern. Wenn viele Firmen scheitern, sinkt die Nachfrage nach Arbeit wieder, und die Löhne sinken, um ein neues Gleichgewicht herzustellen.

Man kann keine Jobs annehmen, wenn man nicht arbeitet. Nebenbei bemerkt: Damit die Migranten, die in den letzten Jahren gekommen sind, tatsächlich Arbeit annehmen können, müssen sie arbeitsfähig sein. Der Strom, der in den letzten Jahren ankam, sieht, dass nur einer von zehn tatsächlich beschäftigungsfähig ist, während die anderen für Monate bis Jahre bis Jahrzehnte auf soziale Unterstützung angewiesen sein werden. [1]

Selbst unter den Türken, die ursprünglich als Gastarbeiter kamen, sehen wir, dass 23% arbeitslos sind. 2] Diese türkischen Arbeiter kamen einige Jahre nach Kriegsende nach Deutschland und später in die Niederlande. Obwohl sie offiziell kamen, um beim Aufbau des Landes zu helfen - eine lächerliche Idee, wie bereits erklärt -, könnte der inoffizielle Grund weitaus heimtückischer sein.

Deutschland war nämlich nicht geneigt, türkische Gastarbeiter aufzunehmen; man war nicht interessiert. Erst als die Vereinigten Staaten Druck ausübten, was nicht allzu schwer gewesen sein kann, da die Amerikaner massenhaft Truppen in ihren Militärbasen in Deutschland hatten.

Die Deutschen, so ihr Politiker Theodor Blank, waren der Meinung, dass es in den ärmeren, ländlichen Regionen Deutschlands genug arbeitslose Arbeiter gab. Außerdem hielten sie den kulturellen Unterschied für zu groß. Eine logische Schlussfolgerung, zu der man kommen musste. [4]

Warum sollte es die Vereinigten Staaten interessieren, wenn Türken nach Deutschland gingen? Nun, offiziell war es nur, um der türkischen Regierung zu gefallen, da die Türkei ein NATO-Mitglied war und der Kalte Krieg tobte. (Die Türkei war ein entscheidender Akteur im Kampf gegen die Sowjetunion, da sie den Zugang zum Schwarzen Meer kontrollierte, und umgekehrt, vom Schwarzen Meer ins Mittelmeer. Die Sowjets hatten einen Marinestützpunkt an der Küste des Schwarzen Meeres, den die Türken dadurch unter Quarantäne stellten.) Die Türkei wollte ihr Arbeitslosenproblem verringern und konnte etwas Auswanderung gebrauchen. Andererseits sah die Türkei damals vielleicht, wie sie auf diese Weise Einfluss in Westeuropa gewinnen konnte, etwas, das der jetzige Präsident Erdogan wiederholt, der sagte, die Türken erobern Europa durch die Gebärmütter ihrer Frauen.

Ein zweiter Beweggrund mag sein, dass die Einschleppung der Türken die Homogenität der deutschen Gesellschaft zerstörte. Da es in ihrem Krieg um rassische und völkische Einheit und Stärke gegangen war, würde die Zerstörung dieser Einheit Deutschlands Stärke zerstören und helfen, ein Wiederaufleben solcher Überzeugungen zu verhindern.

Im Dritten Reich ging es um das deutsche Volk und seinen Kampf um einen Platz in der Weltordnung. Indem man die Deutschen zwang, "Gastarbeiter" zu akzeptieren, wurde der erste Schlag getan, um diesen alten deutschen Baum zu fällen. Deutschland würde in eine Zukunft ohne sein Volk gehen und am Ende durch andere ersetzt werden.

Angela Merkel scheint diese Bestrafung nur fortzusetzen, indem sie eine Horde von Einwanderern aus dem Nahen Osten importieren möchte. Das deutsche Volk wird unterdessen mit ständiger Propaganda und sofortigen Vergleichen mit Adolf Hitler für jeden, der es wagt, etwas Negatives über Einwanderung zu sagen, niedergeknüppelt.

Die Deutschen, so scheint es, müssen immer noch für ihr kollektives Verbrechen leiden: den Holocaust. Für einige deutsche Politiker, wie Martin Schulz von der Sozialdemokratischen Partei, geht diese Schuld sehr, sehr tief. Der ehemalige Sprecher der Knesset (des israelischen Parlaments) Avraham Burg schrieb im Februar 2014 in Haaretz, dass Schulz ihm einmal gesagt habe: "Für mich existiert das neue Deutschland nur, um die Existenz des Staates Israel und des jüdischen Volkes zu sichern." Das ist eine seltsame Aussage für einen Politiker, der seine Wähler vertritt. Was bedeutet es überhaupt, wenn Deutschland nur existiert, um die Existenz Israels und des jüdischen Volkes zu sichern? Existiert Deutschland nicht, um einen Lebensraum für Deutsche zu schaffen? [3]

Dann ist da noch die Frage, wie hilfreich manche Migranten

wirklich sind, wenn es darum geht, freie Stellen zu besetzen. In Großbritannien berichtet der "Telegraph" über einige Statistiken über Muslime im erwerbsfähigen Alter: "Muslime waren am ehesten nicht verfügbar oder nicht aktiv auf der Suche nach Arbeit, aus Gründen wie einer Behinderung, weil sie studieren oder sich um Familie und Haushalt kümmern. 31 % der Männer im erwerbsfähigen Alter waren nicht erwerbstätig, ebenso wie 69 % der Frauen im erwerbsfähigen Alter." Sie fahren fort, dass: "Muslime hatten die höchsten Raten von Behinderungen, mit 24% der Frauen und 21% der Männer, die eine Behinderung geltend machten." [5]

Wenn man weiß, dass bestimmte Gruppen von Einwanderern in der Tat eine geringere Wahrscheinlichkeit haben, dem Arbeitsmarkt anzugehören, als die Einheimischen, welchen Sinn hat es dann, sie zu holen, um "die Arbeit zu erledigen"? Es scheint, dass sie, da sie sich der Nation und dem Wohlfahrtsstaat weniger verbunden fühlen, eher dazu neigen, die Möglichkeiten der Wohlfahrt zu missbrauchen und eher das kostenlose Geld zu nehmen, als für einen ehrlichen Lohn zu arbeiten. Kann man es ihnen wirklich verübeln, wenn die Möglichkeit besteht?

Wenn Minderheiten an der Belegschaft beteiligt sind, schaffen sie vielfältige Arbeitsplätze. An solchen Arbeitsplätzen ist die Zufriedenheit und der Zusammenhalt der Mitarbeiter geringer und die Fluktuation höher. Eine von Amazon durchgeführte Studie zeigt, dass an vielfältigen Arbeitsplätzen die Wahrscheinlichkeit einer gewerkschaftlichen Organisierung geringer ist, da diese Zusammenhalt und Kooperation erfordert. [6]

Auch hier sehen wir, dass die Zunahme der Einwandererbevölkerung die Position der Eigentümer der Unternehmen stärkt. Es stärkt die modernen Grundbesitzer; die Aktionäre. Aber ist das alles, was es gibt? Existieren wir, um den Profiten der Aktionäre zu dienen? Sind die Aktionäre nicht auch Menschen, die irgendwo leben und nicht-materielle Wünsche haben? Oder können sich diese wohlhabenden Menschen selbst in Gated Communities absondern und ein friedliches und sicheres Leben neben den anderen Millionären und Milliardären genießen? Ist ihnen das tägliche Leben der einfachen Leute einfach egal?

Fallbeispiel für geschlossene Grenzen und Löhne. Wie sieht ein Land aus, das keine Migranten aufnimmt? Schauen wir uns Ungarn an und was dessen Präsident Viktor Orban gesagt hat: "Ungarn braucht keinen einzigen Migranten, damit die Wirtschaft funktioniert, die Bevölkerung sich selbst erhält und das Land eine Zukunft hat.

Daten aus dem Jahr 2018 zeigen, dass Ungarn bei den Reallohnsteigerungen die Nummer eins in Europa war. Das ist der nominale Lohnanstieg, bereinigt um die Inflation. Reallohnerhöhungen sind das, was der Arbeiterklasse (die Arbeiterklasse sind alle, die für einen Lohn arbeiten) Wohlstand bringt und ihre Kaufkraft erhöht. [7] Andere osteuropäische Länder schneiden ebenfalls gut ab, wie z.B. Polen, Litauen und Lettland. In Westeuropa stagnierten zur gleichen Zeit die Reallöhne oder gingen sogar leicht zurück. Wir können uns zwar über ein wachsendes BIP freuen, aber wenn die Reallöhne stagnieren, profitieren diejenigen, die für einen Lohn arbeiten, nicht von diesem vermeintlichen Wohlstandszuwachs.

Es muss gesagt werden, dass es einfacher ist, Lohnwachstum zu haben, wenn die Löhne relativ niedrig sind, aber das ist nebensächlich. Es könnte nur ein schnelleres Wachstum der Reallöhne erklären, aber nicht die absolute Stagnation des Westens. Die Sache ist die, dass die Verweigerung der Einreise von Migranten offenbar mit einer boomenden Wirtschaft einhergehen kann. Und nicht nur ein Börsenboom, nein, ein Reallohnwachstum, bei dem die Massen den Wohlstand genießen. Die wirtschaftliche Expansion füllt die Taschen der Arbeiter, nicht die der multinationalen Konzerne.

Hohe Migration sorgt für eine Stagnation der Reallöhne. Keine oder geringe Migration sorgt für wachsende Reallöhne. Selbst wenn Migranten kommen, ist es ziemlich rassistisch, von ihnen zu erwarten, dass sie die "beschissenen" Jobs machen, die wir kollektiv abgelehnt haben, obwohl einige von uns wahrscheinlich mehr als bereit gewesen wären, diese Jobs zu machen, wenn der Lohn höher gewesen wäre. Am Ende haben wir stagnierende Löhne und eine wachsende Klasse von Faulenzern, die von der Sozialhilfe abhängig sind. Hurra? Problem gelöst?

"Wenn Sie jeden Latino aus diesem Land rauswerfen, wer wird dann Ihre Toilette putzen, Donald Trump?"

-Kelly Osbourne

Quellen:

[1] http://www.theguardian.com/world/2015/sep/13/how-much-longer-can-germany-keep-can-their-doors-to-refugees

[2]   https://www.economist.com/special-report/2010/03/13/what-a-waste

[3] https://www.jpost.com/international/merkel-vs-schulz-israel-and-middle-east-take-back-stage-at-german-debate-504184

[4] Heike Knortz: Diplomatische Tauschgeschäfte. "Gastarbeiter" in der westdeutschen Diplomatie und Beschäftigungspolitik 1953-1973. Böhlau Verlag, Köln 2008

[5] http://www.telegraph.co.uk/news/wikileaks-files/london-wikileaks/8304838/UK-MUSLIM-DEMOGRAPHICS-C-RE8-02527.html

[6] https://journals.sagepub.com/doi/abs/10.1177/014920639702300303?ssource=mfc&rss=1

[7] http://abouthungary.hu/news-in-brief/hungary-tops-europe-with-highest-real-wage-prediction-for-2018/

5. WACHST, WACHST, WACHST!

"Wir sollten nicht alles an den Zahlen des BIP oder der Wirtschaft messen. Es gibt etwas, das man Lebensqualität nennt."

-Nigel Farage

Sobald jemand zugegeben hat, dass wir die Löhne erhöhen könnten und keine Arbeiter für ungelernte Arbeit importieren müssen, bringen sie wahrscheinlich ein verwandtes Argument vor. Sie werden sagen, dass Migranten sowieso gut sind, weil sie zum Wachstum der Gesamtwirtschaft beitragen. Nun, das ist richtig, im Allgemeinen geht ein Anstieg der Bevölkerung mit einem Anstieg der Gesamtwirtschaft Hand in Hand. Aber warum ist das wichtig? Warum ist eine wachsende Wirtschaft ein Ziel an sich?

Wenn Menschen über die Wirtschaft sprechen, meinen sie meist das BIP - das Bruttoinlandsprodukt. Es ist die Summe aller Preise der Waren und Dienstleistungen, die in einem Land innerhalb eines Jahres konsumiert werden. Es ist offensichtlich, dass ein Land mit einer Milliarde Einwohnern ein höheres BIP hat, als ein Land mit weniger als einer Million Einwohnern. Wenn man das BIP von China mit dem BIP von Luxemburg vergleicht, ist das nicht sehr aussagekräftig. Das BIP von China beträgt etwa 12 Billionen USD, während das BIP von Luxemburg etwa 60 Milliarden USD beträgt. Das BIP von China ist etwa 200 Mal so groß wie das von Luxemburg. Bedeutet das, dass China 200-mal so reich ist? Ja, auf nationaler Ebene ist es das. Aber was bedeutet das für die Bürger?

Schauen die Bürger Luxemburgs neidisch auf die chinesischen Bürger? Nein, denn Luxemburg hat 600.000 Einwohner gegenüber 1.200.000.000 chinesischen Einwohnern. Es gibt 2000 Mal mehr Chinesen als Luxemburger. Ja, insgesamt ist das chinesische BIP 200 Mal so hoch, aber der einzelne Luxemburger ist zehn Mal so reich wie der durchschnittliche Chinese.

Das Maß des BIP ist relevant, um die Stärke und den Reichtum einer Nation zu sehen, aber wenn wir den Reichtum derer betrachten, die die Nation bewohnen, müssen wir das BIP pro Kopf betrachten. Würden sich die Menschen in Luxemburg mehr freuen, wenn das BIP pro Kopf steigt, oder wenn das Gesamt-BIP aufgrund einer Verdoppelung der Bevölkerung ein wenig steigt? Ist es ihnen wichtig, wie viele Steuern die Regierung aufgrund der Größe der Bevölkerung und der Gesamtwirtschaft einnehmen kann, oder ist es wichtiger, dass sie einen höheren Lebensstandard genießen? In der Vergangenheit mag eine größere Bevölkerung hilfreich gewesen sein, da Kriege weniger mit Technik und mehr mit Arbeitskraft geführt wurden. Eine größere Bevölkerung bedeutete ein stärkeres Militär. Diese Zeiten sind vorbei, erstens, weil wir uns einer relativ friedlichen Ära erfreuen, und zweitens, weil Kriege eher durch Technologie gewonnen werden als dadurch, dass man Wellen von Kanonenfutter in die gegnerische Stellung schickt. Das hat das Maschinengewehr seit dem Ersten Weltkrieg bewiesen.

Generell gilt, dass eine wachsende Bevölkerung mit einem wachsenden BIP einhergeht. Wenn man also Migranten ins Land holt, wächst das BIP. Aber was kümmert es Sie als Bürger, dass es das BIP wachsen lässt? Die eigentliche Frage ist die Auswirkung auf das Pro-Kopf-BIP. Und, was vielleicht noch wichtiger ist, was passiert mit den Löhnen? Das BIP pro Kopf mag eine bessere Metrik sein als das reguläre BIP, aber es berücksichtigt nicht die Ungleichheit in einem Land. Was passiert, wenn Migranten mehr Sozialleistungen benötigen, und die Steuern steigen? Was passiert, wenn das BIP pro Kopf tatsächlich schrumpft, weil die Migranten den Durchschnitt nach unten bringen oder die Löhne drücken? Was passiert, wenn Ihre Steuern steigen, um das zu bezahlen, und Sie weniger verfügbares Einkommen haben? Was passiert, wenn Sie höhere Mieten zahlen müssen, weil es einen Mangel an Wohnungen gibt, in denen Sie leben können? Was passiert, wenn der Wald, den Sie gerne in der Nähe Ihres malerischen Dorfes besucht haben, mit Bulldozern abgeholzt wird, um ein Asylzentrum zu bauen?

Sicherlich steigt das BIP, aber was sind die wirklichen Auswirkungen auf die Individuen, die das Rückgrat der Nation bilden? Das sind die Fragen, die für die Bürger wichtig sind.

Das BIP ist für die Regierung wichtig, da es sich auf die Staatsverschuldung bezieht. Die Staatsverschuldung wird als Prozentsatz im Vergleich zum BIP gemessen, so dass eine Möglichkeit, die wahrgenommene Größe der Schulden zu verringern, darin besteht, das BIP zu erhöhen. Ein schrumpfendes BIP kann Probleme für die Staatsverschuldung schaffen, weil der wahrgenommene Wert der Schulden steigt. Ein Beispiel: Das BIP der Nation Fantasia beträgt 100 Millionen Dollar. Ihre Staatsverschuldung beträgt 50 Millionen. Dabei beträgt das Verhältnis von Schulden zum BIP 50%. Fünfzig Millionen sind fünfzig Prozent von 100 Millionen. Wenn nun ihr BIP auf 50 Millionen schrumpft, steigt ihre Verschuldung im Verhältnis zum BIP auf 100 %. Selbst wenn ihre Schulden auf einem stabilen Niveau bleiben, hat die geringere Größe des BIP den prozentualen Vergleich verändert.

Diese 100 % sind ein ungesunder Wert für die Staatsverschuldung, da die Zinszahlungen, die für den Schuldendienst erforderlich sind, einen relativ großen Teil des jährlichen Haushalts ausmachen. Wie viel genau, hängt vom Zinssatz auf die Schulden ab, der in letzter Zeit durch die Monetarisierungsbemühungen der Zentralbanken auf der ganzen Welt unterdrückt wurde. Das Tragen von Schulden hat jedoch Kosten, die früher oder später bezahlt werden müssen. Vielleicht ist bei niedrigem Zinsniveau eine Verschuldung von 100 % des BIP tragbar, aber was ist mit 200 % oder 300 %?

Aufgrund des erhöhten Anteils der Zinszahlungen müssen sie entweder die Ausgaben kürzen und Sparmaßnahmen durchführen oder die Steuern erhöhen. Beides ist nicht wünschenswert, da es dadurch viel schwieriger wird, wiedergewählt zu werden; zumindest scheint es so, dass Politiker so denken. Das Drama für die Wirtschaft kann man zum Beispiel in Griechenland sehen, das von der Eurogruppe gezwungen wurde, seine Ausgaben zu kürzen und die Steuern zu erhöhen, um seine Staatsschulden in den Griff zu bekommen. Das hat die griechische Wirtschaft zerstört und ein hohes Maß an politischer Unruhe verursacht.

Um auf unser fiktives Land zurückzukommen. Sie können auch Migranten einladen, ihre Bevölkerung verdoppeln und ihr BIP auf 200 Millionen erhöhen. Bleibt die Verschuldung nun stabil, bewegt sie sich auf 25 % Verschuldung zum BIP zu, was ein sehr gesundes Maß an Verschuldung wäre. Mit einer relativ niedrigen Verschuldung kann die Regierung ihre Kreditaufnahme erhöhen und wieder Haushaltsdefizite aufrechterhalten. Das erlaubt ihr, großzügig zu sein und sich nicht zu sehr mit den fiskalischen Auswirkungen ihrer Politik zu beschäftigen. Sie können mit der wachsenden Wirtschaft prahlen und ihre Wiederwahl sichern.

Dieses BIP-Problem in Bezug auf die Bevölkerung wirft zwei Szenarien auf. Das erste Szenario erkennt an, dass ein wachsendes BIP wichtig ist und als Ziel an und für sich behandelt werden sollte. Das zweite Szenario wirft die Frage auf, ob wir ein ständig wachsendes BIP anstreben sollten oder ob wir uns alternative Messgrößen ansehen sollten, um zu beurteilen, wie es um unsere Wirtschaft bestellt ist und wie gesund die Nation ist.

Das erste Szenario. Wenn wir unser BIP wachsen lassen müssen, ist der einfachste Weg, dies zu tun, die Bevölkerung wachsen zu lassen. Technologischer Durchbruch und Automatisierung können das BIP-Wachstum ebenfalls unterstützen, aber sie sind weniger vorhersehbar. Solche Innovationen können kommen, oder sie können nicht kommen. Sie kann gefördert werden, aber nicht garantiert werden.

Die größte stabile Determinante des BIP-Wachstums ist das Bevölkerungswachstum. Wenn man das weiß, kann man sich fragen, warum die Regierungen die Fertilitätsraten nicht stärker erhöhen. In der gesamten modernen Welt liegen die Fertilitätsraten unter dem Ersatzniveau von 2,1. Die Fruchtbarkeitsrate bezieht sich auf die Kinder, die im Durchschnitt pro Frau geboren werden. Wenn ein Mann und eine Frau zusammen zwei Kinder bekommen, haben sie dafür gesorgt, dass die nächste Generation genauso groß ist wie die ihre. Die zusätzlichen 0,1 oben drauf sind für Fälle von Kindersterblichkeit und andere frühe Todesfälle, die vor dem Erwachsenenalter auftreten. Die Fruchtbarkeitsrate liegt in den westlichen Ländern zwischen 1,2 und 1,9, keine entwickelte Nation erreicht die 2,0 oder mehr (außer Israel, dessen hochreligiöser jüdischer Teil der Bevölkerung eine enorme Leistung erbringt, um die Fruchtbarkeitsrate auf durchschnittlich mehr als drei Kinder pro Frau zu steigern).

In einem EU-Bericht heißt es: "Im Jahr 2018 lag die Zahl bei 1,55 Kindern pro Frau. Dies liegt unter dem Wert von 2,1, der als erforderlich angesehen wird, um die Bevölkerungsgröße ohne Migration konstant zu halten. Fast keine Region in Europa hat eine Rate auf diesem Niveau, einige Regionen verzeichnen eine Rate von weniger als 1,25. Dies ist zum Beispiel der Fall im Nordwesten der iberischen Halbinsel, in Südostitalien und Sardinien sowie in einigen Teilen Griechenlands." [5] Wenn wir also anerkennen, dass die Bevölkerung weiter wachsen muss, um das BIP nach oben zu treiben, müssen wir uns fragen, woher diese Menschen kommen sollen. Eine Fruchtbarkeitsrate unterhalb der Ersatzrate zeigt an, dass die Bevölkerung schrumpft, und um sie im Aufwärtstrend zu halten, ist Migration erforderlich.

Ein solches Szenario erzeugt Ersatzmigration, wenn dieser Trend über Jahre oder Jahrzehnte anhält. Die ursprüngliche einheimische Bevölkerung schrumpft weiter, während die zugewanderte Bevölkerung weiter wächst.

Nehmen Sie zum Beispiel Italien, dessen Bevölkerung sich bis zum Ende des Jahrhunderts voraussichtlich halbieren wird. Süditalien ist voll von Häusern, die man umsonst bekommen kann, wenn man sie renoviert und darin wohnt, da die ursprünglichen Bewohner sterben und die Städte sich in Geisterstädte verwandeln.

Damit die Bevölkerung stabil bleibt, muss sie die aussterbenden Bürger wieder auffüllen, indem sie Migranten einlädt. Wenn sie das tun, besteht am Ende des Jahrhunderts mehr als die Hälfte Italiens aus Migranten, die zwischen 2020 und 2100 angekommen sind. [2]

Inwieweit würden die italienische Kultur und ihre Lebensweise erhalten bleiben? Der einzige Kontinent der Welt mit schnellem Bevölkerungswachstum ist Afrika. Auf lange Sicht ist Afrika der einzige Kontinent, der Europa mit

Einwanderern versorgen kann, da der Nahe Osten nur eine begrenzte Anzahl von Migranten schicken kann. Die Bevölkerung Afrikas wird voraussichtlich explodieren und sich bis zum Jahr 2100 auf mehr als vier Milliarden vervierfachen. [1]

Das bedeutet, dass Europas zukünftige Migranten zum größten Teil aus Afrika kommen werden. Im Wesentlichen wird eine solche Politik dazu führen, dass die Bevölkerung Europas in etwa einem Jahrhundert der Bevölkerung Afrikas ähneln wird und die einheimischen europäischen Bewohner zu Minderheiten in ihren Heimatländern werden. Das heißt, unter der Annahme, dass die Fruchtbarkeitsraten der einheimischen europäischen Bevölkerung gleich bleiben und sich nicht erholen.

Italiens Bevölkerung würde bis 2100 zum größten Teil aus Afrikanern bestehen. Sie bringen ihre eigene Kultur, ihre eigene Sprache, ihre eigenen Werte mit. Das Italien, das wir kennen, würde offen gesagt aufhören zu existieren, wenn die Nation ersetzt worden ist. Die stolzen Italiener hätten keine Heimat mehr, da sie bei den Wahlen in der Minderheit sein werden.

Hier werden die Regierungen vor die Wahl gestellt, dass sie, wenn sie ein BIP-Wachstum anstreben wollen, entweder akzeptieren müssen, dass sie ihre Bevölkerung durch Einwanderer ersetzen, oder sie müssen anerkennen, dass die niedrigen Geburtenraten problematisch sind und angegangen werden müssen.

Regierungen wie die von Orban in Ungarn haben diesen

Weg eingeschlagen und versucht, die Fertilitätsraten zu erhöhen. Sie versuchen, Maßnahmen zu installieren, die die ungarische Bevölkerung dazu bringen, mehr Kinder zu bekommen. Finanzielle Anreize und andere Vergünstigungen können die Menschen ermutigen, Kinder zu bekommen, da viele Menschen derzeit aufgrund der damit verbundenen Kosten davon abgehalten werden, Kinder zu bekommen. Ähnliche Maßnahmen werden in Polen ergriffen, und auch in Deutschland gibt es einige Maßnahmen. Deutschland bietet einen Zuschuss von zweihundert Euro pro Monat und Kind, um Eltern zu unterstützen; Polen und die Niederlande haben ähnliche Subventionen, wenn auch in geringerer Höhe.

Die andere Alternative ist, dass sich die Regierungen auf eine Welt mit schrumpfender Bevölkerung und gleichzeitig schrumpfendem BIP einstellen müssen. Dies ist in erster Linie ein Problem für die Regierung und die Staatsverschuldung, wie wir bereits gesehen haben. Die Regierungen werden planen und sich vorbereiten müssen.

Zweitens ist es ein Problem für die Besitzer von Wirtschaftsgütern wie Immobilien und Unternehmensaktien. Die Immobilienpreise werden wahrscheinlich sinken, da die Nachfrage sinkt, wenn weniger Menschen das Land bewohnen. Das ist großartig für Erstkäufer von Eigenheimen und diejenigen, die in einer geräumigeren Umgebung leben möchten, aber ein Nachteil für diejenigen, die ihre Hypothek abbezahlt haben und damit rechnen, das Haus zu verkaufen, um ihren Urlaub im Ruhestand zu finanzieren. Die Aktienkurse könnten im Durchschnitt sinken, da die Unternehmen Schwierigkeiten haben, zu expandieren und zu wachsen. Anstatt davon zu profitieren, einfach nur mehr Kunden zu haben, werden Unternehmen konkurrieren und innovativ sein müssen, um zu wachsen. Ständig steigende Gewinne für Unternehmen auf breiter Front werden nur schwer zu erreichen sein.

Die beliebten ETFs (Exchange-Traded Funds), die die Performance eines ganzen Index abbilden, werden in einem solchen Umfeld nur mittelmäßige Ergebnisse liefern. Die besten Optionen für solche Firmen wären, den Marktanteil zu erhöhen und in eine Monopolstellung zu gelangen oder in Ländern zu expandieren, die ein starkes Wachstum aufweisen. Selbst bei einer stagnierenden Bevölkerung ist es für Unternehmen möglich, einen Gewinn zu erzielen. Nur würde nicht jedes Unternehmen auf breiter Front Erfolg haben. Es ist klar, dass es zwischen der Regierung und der mächtigen Wirtschaftselite starke Einflüsse gibt, die eine schrumpfende Bevölkerung verhindern wollen. Selbst wenn das Pro-Kopf-BIP in der schrumpfenden Bevölkerung steigen könnte, wirken Kräfte dagegen.

Das Leben für den Bürger wird sich mit einer schrumpfenden Bevölkerung wahrscheinlich verbessern, sowohl finanziell als auch aufgrund der Tatsache, dass die meisten Menschen gerne in Ruhe leben, anstatt in überfüllten Wohnblocks, wo sie ein kleines Zimmer mieten müssen, weil sie sich keine eigene Wohnung leisten können. Die Löhne würden steigen, Grundstücke und Immobilien würden erschwinglich werden.

Da wir unsere gesamte Wirtschaftsleistung am BIP und nicht

am Pro-Kopf-BIP messen, gibt es nicht einmal eine Debatte darüber, das BIP schrumpfen zu lassen. Ganz im Gegenteil, es besteht ein einhelliger Konsens, dass es für unser BIP entscheidend ist, ewiges Wachstum zu verfolgen.

"Die Werbung bringt uns dazu, Autos und Klamotten zu jagen, in Jobs zu arbeiten, die wir hassen, damit wir Scheiße kaufen können, die wir nicht brauchen." - Tyler Durden

Auch wenn wir darüber diskutieren, wie wir das Klima retten können, hat anscheinend noch niemand darüber nachgedacht, einfach weniger zu konsumieren und damit mit einer kleineren Wirtschaft auszukommen. Die Leute sprechen über weniger Konsum, aber sie diskutieren nicht über die Auswirkungen auf das BIP. Man kann ein wachsendes BIP nicht aufrechterhalten, wenn man den Gesamtverbrauch reduziert.

Präsidenten rühmen sich mit einem wachsenden BIP und steigenden Börsenwerten. Wann immer das BIP schrumpft, handelt es sich um eine wirtschaftliche Rezession oder Depression, die sich in Konkursen, Arbeitsplatzverlusten und so weiter auswirkt. Um das BIP kontrolliert schrumpfen zu lassen, müssen wir vielleicht beobachten, wie unser Finanzsystem funktioniert und was nötig wäre, damit es unter solchen Schrumpfungsbedingungen funktionieren kann. Sie mögen sagen, dass das schwierig ist, aber wenn wir nur Migranten importieren, um unser BIP zu retten, dann sind wir die Sklaven unseres Wirtschaftssystems, anstatt dass es uns dient. Es muss eine Alternative geben, und wenn wir unsere Köpfe zusammenstecken, können wir das zweifellos herausfinden. Das Problem ist, dass niemand überhaupt darüber diskutiert, wie man das erreichen kann. Schuldsklaven zu sein und die nächste Generation von Schuldsklaven zu importieren, kann kaum der Weg sein, den wir uns wünschen. Der Ausweg mag nicht einfach sein, aber diese Ketten müssen gesprengt werden. Ein Schuldenschnitt oder ein Geldsystem, das nicht auf Schulden basiert, könnte erforderlich sein.

Die praktikabelste Lösung, die kein schrumpfendes BIP erfordert, besteht dann darin, die Fertilitätsraten zu erhöhen und sie in den Bereich von 2,1 bis 2,5 zu drücken, um ein kontinuierliches, stabiles und nicht zu starkes Wachstum zu gewährleisten. Auf diese Weise kann die Bevölkerung wachsen, ohne einen Migrantenüberschuss zu benötigen.

Wie bereits erwähnt, ist es keine Option, sich auf Migranten zu verlassen, um die Lücke in den Fruchtbarkeitsraten zu füllen, da diese die ursprüngliche Bevölkerung ersetzen werden. Einige sagen, dass Frauen weniger daran interessiert sind, Babymaschinen zu sein, aber andere Stimmen behaupten, dass Frauen gerne mehr Kinder hätten, sich aber wirtschaftlich gestresst fühlen, dies zu tun.

Niemand, der in einer kleinen Studiowohnung lebt, hält es für eine gute Idee, dort drei Kinder wohnen zu lassen. Die Menschen schieben Kinder auf, machen Zukunftspläne, um sich auf eine Familie vorzubereiten, und am Ende kommt sie nie zustande.

Wir haben eine Welt des Überflusses geschaffen, in der etwas so Grundlegendes wie die Gründung einer Familie auf die

Elite und die Armen beschränkt ist, denen es nichts ausmacht, unter unerträglichen Umständen mit allen Kindern in einem einzigen Zimmer zu leben. Die Mittelschicht empfindet die Gründung einer Familie als zu große Belastung für ihr Budget. Ist das psychologisch bedingt, weil Millennials lieber ein neues iPhone kaufen und Avocado-Toast von Starbucks essen, oder liegt es an den ständig steigenden Hauspreisen und daran, dass die Menschen Jahr für Jahr weniger Wohnraum haben? Vielleicht ist es beides; vielleicht ist es ein Dutzend anderer Faktoren. Wir können es herausfinden, die Hindernisse beseitigen und die Existenz natürlicher, nicht so übermäßig großer Familien fördern.

Ist es eine radikale Idee zu glauben, dass Menschen in der Lage sein sollten, eine Familie mit zwei bis drei Kindern zu gründen? Stärkt es nicht die Nation, wenn sie aus Familien besteht, statt aus Singles, die alle allein leben? Würde es nicht das allgemeine Wohlbefinden steigern? Und natürlich muss nicht jeder Kinder haben. Solange der Durchschnitt über der Fertilitätsersatzrate liegt, sind alle Probleme gelöst. Ich rechne damit, dass es für jede Frau, die keine Kinder haben möchte, genügend Frauen gibt, die gerne noch ein oder zwei haben möchten, solange das Haus, in dem sie leben, den nötigen Platz bietet.

Stellen Sie sich die überspitzte Situation im Phantasialand mit 100 Millionen Erwachsenen vor. Die Fertilitätsrate liegt bei einem hypothetischen Wert von 1,0 und ändert sich nicht. Das bedeutet, dass die nächste Generation erwerbstätiger Erwachsener nur 50 Millionen Erwachsene haben wird. Ja, ich habe die Mathematik dem Beispiel zuliebe ein wenig vereinfacht. Um das BIP stabil zu halten, bräuchten sie einen Überschuss von 50 Millionen Migranten. Die nächste Generation hätte dann nur noch 25 Millionen einheimische Fantasialand-Erwachsene, was bedeutet, dass die Eingeborenen eine Minderheit in ihrer eigenen Demokratie wären, wenn die Bevölkerung der Arbeiterklasse bei 100 Millionen stabil gehalten werden soll. Sie hätte 25 Millionen Fantasialänder, 25 Millionen Nachkommen von Einwanderern (unter der Annahme, dass diese ebenfalls eine Fruchtbarkeitsrate von 1,0 haben und sich die beiden Gruppen bei der Fortpflanzung nicht vermischen) und bräuchte dann weitere 50 Millionen neue Einwanderer. Nur jeder Vierte wäre ein Fantasianer, während 75 % die Einwanderer und deren Nachkommen sein würden.

Man kann es mit einem Eimer Wasser vergleichen, der ein kleines Loch im Boden hat. Das Wasser tropft langsam heraus und die Regierung möchte den Eimer voll halten. Deshalb gießen sie Öl in den Eimer. Da Öl auf dem Wasser schwimmt, tropft das Wasser am Boden weiter und läuft aus. Mehr und mehr Öl wird benötigt, um den Eimer voll zu halten. Es wird ein Punkt kommen, an dem fast kein Wasser mehr im Eimer ist; die Frage ist nur, "wann". In ähnlicher Weise ist für den Westen die einzige Frage "wann", niemals "ob".

Wenn man bedenkt, dass die Vereinigten Staaten bis in die 1960er Jahre zu über 80 % europäischer Abstammung waren, aber bei den unter 16-Jährigen liegt dieser Prozentsatz heute unter 50 %, nur sechzig Jahre später. Das zeigt, wie schnell der Rückgang gehen kann, und das in einer Zeit, in der die Migration relativ gering und die Geburtenrate im Vergleich zu heute hoch war.

Die Vereinten Nationen selbst haben sich dieses Themas angenommen. Auf der UN-Website können wir einen Artikel mit dem Titel "Replacement Migration: Is It a Solution to Declining and Ageing Populations?". Worum geht es in dem Artikel?

"Prognosen der Vereinten Nationen zeigen, dass in den nächsten 50 Jahren die Bevölkerungen praktisch aller Länder Europas sowie Japans mit einem Bevölkerungsrückgang und einer Überalterung konfrontiert sein werden. Die neuen Herausforderungen des Bevölkerungsrückgangs und der Bevölkerungsalterung erfordern eine umfassende Neubewertung vieler etablierter Politiken und Programme, einschließlich derer, die sich auf die internationale Migration beziehen. Der Bericht konzentriert sich auf diese beiden markanten und kritischen Bevölkerungstrends und betrachtet die Ersatzmigration für acht Länder mit niedriger Fertilität (Frankreich, Deutschland, Italien, Japan, Republik Korea, Russische Föderation, Vereinigtes Königreich und Vereinigte Staaten) und zwei Regionen (Europa und die Europäische Union). Die Ersatzmigration bezieht sich auf die internationale Migration, die ein Land benötigen würde, um den Bevölkerungsrückgang und die Bevölkerungsalterung auszugleichen, die sich aus niedrigen Fertilitäts- und Mortalitätsraten ergeben. [3]

Die Antwort auf die Frage, warum der Bevölkerungsrückgang ausgeglichen werden muss, liegt in der Staatsverschuldung im Verhältnis zum BIP sowie in den Rentenzahlungen.

Die Vereinten Nationen betrachten mehrere Szenarien für diese Länder, aber zwei Szenarien, die sie als plausible Ergebnisse darstellen, sind ziemlich interessant und bestätigen schön, dass das, was wir hier diskutieren, keine wilden Verschwörungstheorien sind, sondern tatsächliche Probleme, die auf den höchsten Ebenen der Regierung diskutiert werden.

(f) Szenario V Szenario V lässt nicht zu, dass das potenzielle Unterstützungsverhältnis [Anmerkung: Das potenzielle Unterstützungsverhältnis ist das Verhältnis zwischen der Bevölkerung im erwerbsfähigen Alter und der Gruppe der über 65-Jährigen] unter den Wert von 3,0 fällt. Um dies zu erreichen, würden bis 2015 keine Zuwanderer benötigt, und zwischen 2015 und 2035 würden 40,5 Millionen Zuwanderer benötigt, durchschnittlich 2,0 Millionen pro Jahr in diesem Zeitraum. Im Jahr 2050 wären von einer Gesamtbevölkerung von 113,2 Millionen 54,4 Millionen, also 48 Prozent, Einwanderer nach 1995 oder deren Nachkommen.

(g) Szenario VI Szenario VI hält die potenzielle Förderquote bis 2050 konstant auf dem Niveau von 1995 (4,4). Die Gesamtzahl der Zuwanderer, die zwischen 1995 und 2050 benötigt wird, um dieses Verhältnis konstant zu halten, würde 188,5 Millionen betragen, was einem Durchschnitt von 3,4 Millionen Zuwanderern pro Jahr entspricht. Im Jahr 2050 würde die Gesamtbevölkerung 299 Millionen betragen, wovon 80 Prozent auf Zuwanderer nach 1995 und deren Nachkommen entfallen würden."

Ein Szenario führt dazu, dass im Jahr 2050 48% der Deutschen Post-1995-Migranten sind, während dies im anderen

Szenario in der gleichen Zeitspanne atemberaubende 80% erreicht. Das soll nicht heißen, dass es wahrscheinlich ist, dass Szenario VI eintritt. Es ist zweifelhaft, dass Deutschlands Bevölkerung auf fast 300 Millionen anwachsen wird, da dies enorme Probleme bei der Unterbringung und so weiter verursachen würde. Dennoch sieht Deutschland einen stetigen Zustrom von Hunderttausenden von Einwanderern, im Einklang mit anderen Szenarien, die auf der Website der Vereinten Nationen veröffentlicht wurden.

In Bezug auf die Pensionsfonds befürchten die Regierungen, dass sie bei einer kleineren Bevölkerung im erwerbsfähigen Alter nicht in der Lage sind, die Renten und Sozialleistungen für die älteren Menschen zu bezahlen. Das ist es, worauf sich die "potenzielle Unterstützungsquote" im UN-Bericht bezieht: sicherzustellen, dass die Bevölkerung im erwerbsfähigen Alter groß genug ist, um sich die Renten und Sozialleistungen für die älteren Menschen leisten zu können.

Sie haben den Wohlfahrtsstaat während eines Bevölkerungsbooms aufgebaut; die Baby-Boomer der Nachkriegszeit waren eine große Bevölkerung im arbeitsfähigen Alter. Diese riesige Gruppe geht jetzt in den Ruhestand, und sie hatten nicht genug Kinder, um das Pyramidensystem fortzusetzen.

Wir alle wissen, dass Pyramidensysteme schlecht sind, also warum erlauben wir unseren Regierungen, in diesem fortzufahren? Der berüchtigte Bernie Madoff ging dafür ins Gefängnis, aber die Regierung kommt damit davon. Ein Wohlfahrtsstaat, der einen ständigen Anstieg der Bevölkerung im arbeitsfähigen Alter benötigt, um für die Älteren zu zahlen, ist keine robuste Politik.

Man kann das Problem lösen, indem man ein umlagefinanziertes Rentensystem einführt, bei dem die älteren Menschen für ihre eigene Rente sparen. Andere Leistungen müssen eventuell gekürzt werden, oder die Lücke kann durch eine kurzzeitige Erhöhung der Staatsverschuldung geschlossen werden, bis die Bevölkerungspyramide wieder ins Gleichgewicht kommt.

Wenn wir jetzt eine größere Bevölkerung im erwerbsfähigen Alter brauchen, um die Renten zu bezahlen, werden wir eine weitere Erhöhung für die nächste Gruppe von Rentnern brauchen, und so weiter bis ins Unendliche. Das ist offen gesagt eine lächerliche Art, ein Land zu verwalten, und jeder Politiker, der versucht, ein solches Pyramidensystem zu verteidigen, sollte aus dem Raum gelacht werden.

Wenn Regierungen dies für eine akzeptable Option halten, sollten sie dies ehrlich sagen und ihren Wählern die Konsequenzen der getroffenen Maßnahmen bewusst machen. Regierungsinstitutionen können Vorhersagen über die schwindenden Ureinwohner machen und bis zu welchem Jahr sie die Minderheit sein werden, sie können diese Ergebnisse veröffentlichen und diskutieren. Dann können die Wähler eine fundierte Entscheidung treffen, ob sie das BIP mit Hilfe von Migranten oder mit Hilfe ihrer eigenen Kinder nach oben treiben wollen.

In Deutschland hat die Partei Alternative für Deutschland

bereits mit Plakaten geworben, auf denen stand: "Neue Deutsche? Machen wir selbst!" Neue Deutsche? Machen wir selbst! Ein direkter Angriff auf die Propagandamaschinerie, die alle Einwanderer als 'neue Deutsche' bezeichnet.

Anstatt offen und ehrlich zu sein, spielen die Politiker die Auswirkungen der Migrationsströme herunter, da die Menge der Zuwanderer jedes Jahr nur einen Tropfen auf den heißen Stein darstellt. Die Politiker tun so, als ob dies über Jahrzehnte hinweg keine deutlich sichtbaren Auswirkungen hätte. Wenn Sie glauben, die westliche Welt sei jetzt schon "multikulturell", haben Sie noch nichts gesehen. Diese Trends hören nicht auf, sie beschleunigen sich. Ein Artikel des britischen Telegraph aus dem Jahr 2007 sagte voraus, dass wir innerhalb der nächsten dreißig Jahre weiße Minderheiten in britischen Städten sehen würden. [4] Es stellte sich heraus, dass die ersten Städte dies innerhalb eines einzigen Jahrzehnts erleben würden. Wir sind nicht übermäßig alarmistisch; alle anderen unterschätzen die Auswirkungen der kontinuierlichen Migration.

Dann ist da noch die Umwelt, auf die wir zurückkommen müssen, ein unbestreitbar wichtiges Thema. Wenn es uns mit der Rettung der Umwelt ernst ist, müssen wir unsere Besessenheit vom Wirtschaftswachstum aufgeben. Wirtschaftswachstum kann nachhaltig sein, ist es aber meistens nicht.

Der Verbrauch von Ressourcen zur Produktion von Gütern belastet die Welt. Wir können versuchen, uns in Richtung "nachhaltiges Wirtschaftswachstum" zu bewegen, aber das

Einzige, was wirklich nachhaltig ist, wäre die gegenseitige Bereitstellung von Dienstleistungen. Ein Friseur, oder ein Psychologe, das sind emissionsfreie Beiträge zur Wirtschaft. Kein Konsumgut kann jemals vollständig nachhaltig sein. Zumindest kostet der Transport Energie. Anstatt sich auf Nachhaltigkeit zu konzentrieren, müssten wir uns darauf konzentrieren, die wirtschaftliche Schrumpfung zu akzeptieren.

"Echter Fortschritt lässt sich nicht allein am Geld messen. Wir müssen sicherstellen, dass das Wirtschaftswachstum zu unserer Lebensqualität beiträgt, anstatt sie zu verschlechtern."

-Tony Blair

Quellen:

[1] http://clovisinstitute.org/africa-growth/

[2] http://clovisinstitute.org/italy/

[3]
https://www.un.org/en/development/desa/population/publicati
ons/ageing/replacement-migration.asp

[4] https://www.telegraph.co.uk/news/uknews/1563191/UK-
cities-to-have-white-minorities-in-30-years.html

[5]
https://ec.europa.eu/info/sites/info/files/demography_report_2
020_n.pdf

6. UNTERNEHMER, RACKETENWISSENSCHAFTLER UND MEDIZINER

"Ich denke, dass wir anfangen müssen, die neuen Europäer nicht als Teil des Problems, sondern als Teil der Lösung zu betrachten. Wir müssen das Bild ändern: Wir sollten sie nicht länger als Last, sondern als Bereicherung betrachten. Wir müssen erkennen, dass wir Migranten brauchen, um unsere Volkswirtschaften zu erhalten. Diese Menschen sind in unsere Länder gekommen, um uns zu bereichern."

-Anna Maria Corazza Bildt, MEP

Ein Argument, das häufig mit anderen wirtschaftlichen Argumenten verbunden wird, ist, dass die Migranten die Wirtschaft ankurbeln, da sie so oft Unternehmer sind und in ihrem Heimatland eine Ausbildung genossen haben. Wie Anna Maria erwähnt, sind sie gekommen, um uns zu "bereichern". Sind sie wirklich eine Bereicherung?

Unternehmer können Arbeitsplätze schaffen und Innovationen einbringen, dennoch ist es eine sehr breite

Gruppe. Der Besitzer eines Kebab-Ladens an der Straßenecke ist ein Unternehmer, und Bill Gates ist ein Unternehmer. Der Punkt dabei ist, dass nicht jede Art von Unternehmer gleich wertvoll ist. Das nächste Microsoft zu bauen hat einen höheren wirtschaftlichen Einfluss als die Eröffnung des dritten Dönerladens im Umkreis von hundert Metern.

Wenn es Unternehmer sind, die wir suchen, können wir uns zuerst fragen, warum wir Unternehmer suchen, und welche Art von Unternehmern wir suchen. Welche Art von Einwanderern ist eher in der Lage, die Art von Unternehmen zu gründen, die wir suchen? Ein weiterer irakischer Friseur, der die lokale Konkurrenz unterbieten kann, indem er die Mehrwertsteuer hinterzieht, ist nicht unbedingt ein großer Vorteil. Darüber hinaus sind Friseure und Dönerläden kaum das, woran man denkt, wenn in den Medien von Unternehmern die Rede ist, die ins Land kommen; der Begriff Unternehmer hat einen gewissen Prestigecharakter; eine Verbindung mit Innovation, der Schaffung von Arbeitsplätzen und einem aufstrebenden Unternehmen.

Bedeutet es außerdem, dass die Einheimischen nicht unternehmerisch genug sind? Braucht die Nation mehr Entrepreneure? Gibt es einen optimalen Prozentsatz an unternehmerischer Aktivität in der Bevölkerung? Was könnte der Grund für den Mangel an Unternehmergeist in der Bevölkerung sein? Gibt es rechtliche und administrative Hindernisse, die viele Menschen von der Idee abhalten, ein eigenes Unternehmen zu gründen?

Wir können deutliche Unterschiede zwischen den Ländern

erkennen, wie einfach es ist, ein Unternehmen zu gründen. Amerikaner gründen eher ein Unternehmen als die meisten Europäer, was an der einschränkenden Bürokratie, den Vorschriften und den Steuern liegt. Es gibt einen Grund dafür, dass fast jedes neue globale Unternehmen der letzten Jahrzehnte seine Wurzeln in den Vereinigten Staaten hat. Was ist es dann, das Einwanderer dazu bringt, ein Unternehmen zu gründen? Tun sie es, weil sie keine Arbeit finden, und gründen einen kaum profitablen Kiosk, um über die Runden zu kommen? Sind unternehmerische Vision und unternehmerische Notwendigkeit dasselbe, und haben sie das gleiche Gewicht.

Diese Einwanderer, die Restaurants oder Tante-Emma-Läden eröffnen, ist das der stereotypische Unternehmer? Das ist wahrscheinlich nicht das, woran die meisten Menschen denken, wenn sie über Unternehmer sprechen, wobei sie Steve Jobs als Beispiel nehmen.

Steve Jobs ist aber kaum ein typischer Einwanderer, er wurde als Sohn einer amerikanischen, weißen Mutter und eines syrischen Migrantenvaters geboren. Einem syrischen Migranten, der jedoch aus einer reichen Familie stammte. Nach seiner Geburt wurde er zur Adoption freigegeben und von einem armenischen christlichen Paar aufgezogen. Das ist eine ganz andere Geschichte als die von geldlosen, arbeitslosen, ungebildeten Migranten, die die Sprache nicht sprechen. Der Vergleich der jüngsten Migrantenströme mit einem Haufen neuer Steves ist unaufrichtig. Es ist ein sehr schwacher Vergleich.

Zu behaupten, wie es der berühmte Banksy in einem seiner Graffiti-Gemälde getan hat, dass Jobs eine ältere Version des modernen syrischen Flüchtlings sei, ist falsch. Jobs hatte ein privilegiertes, reiches Kind, das in die Vereinigten Staaten kam, um zu studieren, als biologischen Vater, eine normale deutsch-amerikanische Mutter und zwei armenische Adoptiveltern, die nicht in der Lage waren, ihn zu empfangen, um ihn aufzuziehen und zu unterstützen.

Selbst wenn wir zugeben würden, dass wir mehr Unternehmer brauchen und die einheimische Bevölkerung aus welchen Gründen auch immer nicht geeignet ist, Unternehmer zu werden, obwohl wir Anreize für sie schaffen, es zu versuchen, dann müssten wir die Einwanderungsanträge so filtern, dass sie diesem Bedarf entsprechen.

Warum unterscheiden wir bei den Einwanderungsanträgen nicht zwischen denen, die Unternehmer werden wollen und einen fertigen Geschäftsplan haben, und denen, die nicht darauf vorbereitet sind? Schicken Sie nur diejenigen ins Land, die ihre Finanzierung geklärt haben, und lassen Sie sie mit der Auflage ins Land, dass sie innerhalb eines Jahres, sagen wir drei Jahren, ein funktionierendes Unternehmen haben müssen, und wenn dieses Unternehmen innerhalb der nächsten zehn Jahre scheitert, werden sie zurückgeschickt.

Suchen Sie nach Geschäftsmodellen, die zur Nachfrage passen, um zu vermeiden, dass es tausend Friseure und Curry-Shops gibt. Suchen Sie nach Unternehmen mit einer guten Erfolgsbilanz in ihrem Heimatland. Wenn Sie die besten Unternehmer erwerben möchten, können Sie nach zahlreichen

Kriterien filtern.

Vielleicht möchten Sie Steuern und bürokratische Hürden für Unternehmer reduzieren. Der Grund, warum die frühen Vereinigten Staaten die meisten tatkräftigen Menschen anzogen, war, dass es einfach war, ein eigenes Unternehmen zu gründen und tatsächlich Gewinn zu machen. In einem Land wie Schweden sind die Steuern so hoch, dass es für viele das Risiko nicht wert ist, ein Unternehmen zu gründen. Sie müssten das volle Risiko tragen, mit einem begrenzten Gewinnpotenzial, wenn das Unternehmen erfolgreich ist.

In Bezug auf die vermeintlich Hochgebildeten müssen wir berücksichtigen, dass ein Universitätsabschluss nicht überall auf der Welt gleich viel wert ist. Es gibt Länder, in denen fast jeder einen Universitätsabschluss hat, und solche, in denen nur die Besten und Klügsten eine Universität besuchen. Die Universitäten sind in Rankings eingeteilt, und einige vergeben ihre Abschlüsse an jeden, der zahlt und an der Prüfung teilnimmt, während andere strenge Standards und ein hartes Bewerbungsverfahren haben. Ich gebe hier zu, dass die Standards an den Universitäten weltweit gesunken sind, da die Regierungen darauf drängen, einen größeren Teil der Bevölkerung auszubilden. Es ist eine "Nature versus Nurture"-Debatte darüber, ob es sinnvoll ist, zu versuchen, jedem einen Universitätsabschluss zu ermöglichen]. Hier stellt sich die gleiche Frage wie bei den ungelernten Arbeitern.

Warum brauchen wir mehr? Warum brauchen die Vereinigten Staaten Hunderttausende von Softwaretechnikern aus Indien, die ihr H1B-Visaprogramm nutzen? Wenn der Bedarf so hoch ist, wäre es dann nicht sinnvoller für diese

Unternehmen, ein Büro in Indien zu eröffnen, anstatt alle Mitarbeiter aus Indien in die Vereinigten Staaten zu verlegen?

Die bekannte Wahrheit ist, dass indische Mitarbeiter bereit sind, für weniger zu arbeiten als ein vergleichbarer amerikanischer Mitarbeiter, und das höhere Management findet es einfacher, die Inder umzusiedeln, als ihr Büro zu verlegen. Diese Billigkeit macht es für die amerikanischen Unternehmen attraktiv, sie einzustellen. Doch warum sollte sich die Nation dem Willen des Unternehmens beugen? Das Unternehmen kann entweder den Angestellten mehr zahlen und dadurch genügend qualifizierte amerikanische Arbeiter anlocken, oder wenn es sich lohnt, eine Niederlassung im Ausland eröffnen. Die Tatsache, dass sie versuchen, die Mitarbeiter zu versetzen, anstatt eine neue Niederlassung zu eröffnen, ist ein wahrscheinlicher Indikator dafür, dass es Vorteile hat, in den Vereinigten Staaten ansässig zu sein.

Das bedeutet auch, dass das Risiko, dass die USA durch die Eröffnung einer zusätzlichen Niederlassung Arbeitsplätze verlieren, gering ist. Außerdem: Was haben die Amerikaner von diesen neu geschaffenen Arbeitsplätzen, wenn sie von solchen aus Indien besetzt werden? Es hilft nicht der Arbeitslosigkeit, die in der amerikanischen Bevölkerung herrscht. Es treibt ihre Löhne nicht in die Höhe. Der einzige Effekt für die Amerikaner ist, dass die Hauspreise in die Höhe getrieben werden und das Gesamt-BIP wachsen kann - ein Thema, das wir bereits diskutiert haben. Währenddessen werden ihre Löhne niedrig gehalten. Die Vorteile gehören den indischen Angestellten und dem

Unternehmen. Das amerikanische Volk verliert.

Um auf unseren Kommentar zu den Universitäten zurückzukommen. Wie fair ist es darüber hinaus, dass jemand, der eine Spitzenschule im Westen besucht hat, mit denjenigen um Jobs konkurrieren muss, die eine C-Tier-Schule in einem Entwicklungsland besucht haben?

Es gibt deutliche Unterschiede im Schwierigkeitsgrad zwischen den Universitäten, und es ist irrsinnig, einen Abschluss von allen gleich zu bewerten.

Es gab schon einige Tests, um Diskriminierung im Bewerbungsprozess zu überprüfen. Die Leute gaben auf einer Bewerbung das gleiche Maß an Erfahrung und so weiter an, hatten aber einen typisch westlichen Namen und einen typisch ausländischen, meist arabischen Namen. Dann waren sie schockiert, als sie den eklatanten Rassismus sahen, denn die Personalverantwortlichen bevorzugten tatsächlich die Westler. Ein Detail wurde jedoch ausgelassen: Sie hatten auch die prominente westliche Universität gegen eine schlecht bewertete Universität ausgetauscht, von der noch nie jemand gehört hatte und die irgendwo im Nahen Osten liegt. Nachdem dieser Unterschied korrigiert wurde, verschwand die Diskriminierung. Die Anwerber diskriminierten nicht aufgrund des Namens des Bewerbers, sondern aufgrund der Schule, die er besucht hatte.

Es gibt Studenten, die viel härter arbeiten mussten und sich als viel klüger erwiesen haben als andere. Sie haben sich verschuldet, nur um mit denen zu konkurrieren, die einen Kurs auf dem Schwierigkeitsgrad einer High School besucht haben und bereit sind, für einen geringeren Lohn zu arbeiten! Für den Arbeitgeber kann es schwierig sein, das intellektuelle Niveau der verschiedenen Kandidaten richtig einzuschätzen. Recruiter müssen bei ihren Einschätzungen sehr vorsichtig sein. Um nicht wegen Rassismus verklagt zu werden, verlassen sie sich auf den Nachweis des Hochschulabschlusses. Aber was passiert, wenn der Arbeitgeber die Universitätsabschlüsse als gleichwertig behandeln muss, da er sonst Gefahr läuft, der Diskriminierung beschuldigt zu werden, weil er von allen Bewerbern niemanden aus Indien einstellt?

Wiederum, wenn wir nach mehr hochqualifizierten Menschen suchen, was an sich keinen Sinn macht in unserer übergebildeten Gesellschaft (Wir scheinen einen Mangel an hochqualifizierten Menschen zu haben, während wir gleichzeitig einen Mangel an ungebildeten Menschen haben, und alles dazwischen. Offen gesagt, wenn man unseren Regierungen zuhört, haben wir einen Mangel an jeder Art von Menschen, obwohl die Arbeitslosigkeit über dem natürlichen Niveau liegt. Wie ist das überhaupt möglich?), dann können wir diese Leute herausfiltern und eine ähnliche Struktur wie das H1B-Visum in den Vereinigten Staaten anwenden. Nur eine Version, die strenger ist und nicht so offen für Missbrauch wie das H1B-Programm.

Wenn das das Ziel der Einwanderung ist, können alle anderen Einwanderungsströme gestrichen werden. Bevor wir ein solches Einwanderungsprogramm starten, wäre es sinnvoll, unsere eigenen Studenten in die Bereiche zu lenken, in denen wir wirklich mehr Leute brauchen.

Der natürliche Weg, dies zu tun, besteht darin, den Mangel auf dem Arbeitsmarkt den Preis der Arbeitskraft in die Höhe treiben zu lassen und so die Löhne in diesem Bereich zu erhöhen. Wenn die Studenten erst einmal wissen, wie viel Geld man in einem bestimmten Sektor verdienen kann, ist es wahrscheinlicher, dass sie eine Karriere in diesem Sektor anstreben.

Ähnlich verhält es sich mit dem Finanzwesen, für das sich viele Studenten interessierten, nachdem sie von den irrsinnigen Geldsummen gehört hatten, die von einigen der weltbesten Investmentbanker verdient wurden.

Das Bankwesen ist historisch gesehen kein "sexy" Job, und die Finanzbranche war nie der aufregendste Beruf, den man ergreifen konnte. Das Gleiche gilt für die Buchhaltung. Fragen Sie irgendeinen Buchhalter, was er an seinem Job so sehr mag, und die meisten werden sagen, dass sie das Einkommen genießen.

Die Löhne im Softwaresektor künstlich zu drücken, indem man billige ausländische Arbeitskräfte anheuert, erstickt diesen Fortschritt und verschleppt das Problem weiter. Und was sehen Sie, was passiert? Die hochgebildeten Amerikaner streben nach schwachsinnigen Abschlüssen. Kulinarische Künste. Mode. Kunstgeschichte.

Zu studieren, worauf man Lust hat, war früher das Privileg der müßigen Klassen des etablierten Bürgertums und des Adels. Wenn Sie Ihren Lebensunterhalt verdienen wollen, müssen Sie etwas studieren, das Ihnen verwertbare Fähigkeiten verleiht.

Alle anderen Themen können Sie in Ihrer Freizeit studieren.

Die Vereinigten Staaten fördern Studenten, die nutzlose Abschlüsse machen, und beklagen anschließend, dass sie die freien Stellen nicht besetzen können. Wäre es langfristig nicht sinnvoller, diese Menschen auf die Jobs zu lenken, für die jetzt H1B-Visa importiert werden, und die Notwendigkeit dieses ständigen Migrationsstroms zu beenden?

Auch hier wären die Verlierer die Unternehmen, die höhere Löhne zahlen müssen und eine gewisse Gewinnspanne verlieren. Die Gewinner sind das amerikanische Volk. In Wirklichkeit können es sich Google, Facebook, Amazon, Netflix und Co. wahrscheinlich leisten, ihren Softwareentwicklern etwas mehr zu zahlen. Im schlimmsten Fall verlegen diese Unternehmen ihre Büros ins Ausland, aber was macht das schon? Die Jobs gehen sowieso nicht an Amerikaner.

Dass das H1B-Visa-Programm ein Schwindel ist, bestätigt Professor Norman Matloff von der University of California. Seine Forschungen zeigen, dass der einzige Mangel an Arbeitskräften im Silicon Valley der Mangel ist, der von großen Tech-Firmen auf der Suche nach billigen Arbeitskräften vorgetäuscht wird. Sie sind diejenigen, die sich dafür einsetzen, die Obergrenze für H1B-Visa aufzuheben, sie sind diejenigen, die davon profitieren. [2]

Gleichzeitig ist es klar, dass amerikanische Studenten keine postgradualen Abschlüsse in diesem Bereich anstreben, da die Löhne im Vergleich zu anderen Möglichkeiten für hochqualifizierte Menschen zu niedrig sind. Er bestätigt auch, dass die Inder oder Chinesen, die im Rahmen dieser Visaprogramme in die Vereinigten Staaten kommen, nicht kompetenter oder intelligenter sind als ihre amerikanischen Gegenstücke.

Und um fair zu sein, muss man schon sehr leichtgläubig sein, um zu glauben, dass die Nation, die gekommen ist, um die Welt zu dominieren, eine Bevölkerung hat, die plötzlich zu dumm ist, um die Unternehmen zu führen und zu besetzen, die sie selbst geschaffen haben. Diese H1B-Migranten sind nicht klüger, nicht besser ausgebildet, sie sind einfach nur billiger. Sicher, einige haben am Ende Erfolg in der Wirtschaft. Sowohl Microsoft als auch Google haben einen indischen CEO, aber sie haben diese Unternehmen nicht gegründet. Sie bekamen die Position, nachdem die Unternehmen eine Beinahe-Monopolstellung auf dem Markt erreicht hatten, und brauchten kaum noch Steuerung.

Wir können andere Dinge tun, um Studenten in die Richtung zu lenken, in der sie am meisten gebraucht werden, um Arbeitsplätze zu besetzen, oder um Arbeitsplätze zu besetzen, die für die Wirtschaft der Nation am wichtigsten sind. Es können spezielle Stipendien für Studenten im gewünschten Bereich vergeben werden, die Studiengebühren können für bestimmte Studiengänge reduziert oder gestrichen werden, andere Studiengänge, die trotz eines Mangels an Arbeitsplätzen überfüllt sind, können durch entgegengesetzte Maßnahmen entmutigt werden, oder sogar durch eine maximale Obergrenze, wie viele Studenten sich jedes Jahr einschreiben dürfen.

Es kann die Frage aufgeworfen werden, warum ein

Studiengang wie Kunstgeschichte überhaupt so verbreitet ist. Es scheint, dass die erste Generation der Kunstgeschichtsstudenten es geschafft hat, einen Platz zu finden, aber die Horden der neuen Studenten werden nicht so viel Glück haben. Ein Land wie die Vereinigten Staaten tut gleichzeitig so, als bräuchte es sowohl ungelernte als auch gelernte Arbeitskräfte. Es braucht weder das eine noch das andere, das einzige Problem, das es hat, ist, dass die einheimische Bevölkerung schrumpft, während sich die Macht der Vereinigten Staaten auf ein ständig wachsendes BIP, boomende Aktienmärkte und den Dollar als Weltreservewährung stützt. All das ist miteinander verknüpft.

Eine schrumpfende Bevölkerung würde zu einem schrumpfenden BIP führen, und ein schrumpfendes BIP würde zu einem Zusammenbruch der Finanzwelt führen, was zu einem Verlust des Vertrauens in den US-Dollar führt, was zum Ende der globalen Vorherrschaft der USA führt.

Es ist dann keine Überraschung, dass die Handlungen von Donald Trump, trotz harter Worte, bestenfalls glanzlos und schlimmstenfalls trügerisch gegenüber seinen Wählern sind. Man kann davon ausgehen, dass Trump als Immobilienmogul ein ausreichend gutes Verständnis von Wirtschaft hat, um die Folgen einer Null-Einwanderung zu erkennen.

Amerikas Wirtschaft lebt davon, dass es ihr gelingt, die Löhne für gering qualifizierte Arbeitskräfte niedrig zu halten, etwas, was einem Land wie Norwegen oder Dänemark nicht gelungen ist, zum Vorteil der dänischen und norwegischen Bevölkerung. Der US-Mindestlohn beträgt 7,25 USD, in

Dänemark liegt er bei 16,37 USD. In Norwegen liegt er bei 20,85 USD.

Die Tatsache, dass man keine willfährigen Einwanderer als Arbeitskräfte hat, führt in der Tat dazu, dass die Löhne steigen. Natürlich ist es in diesen Ländern auch teurer, in ein Restaurant zu gehen oder ein Taxi zu nehmen.

Die Vereinigten Staaten haben es geschafft, diese Dinge billig zu halten, aber auf Kosten einer immer größer werdenden Ungleichheit. Eine Ungleichheit, die weiter zunehmen wird, da die Einwanderer weiterhin für niedrige Löhne in diesen Jobs arbeiten, während die etablierten Amerikaner immer reicher werden.

Kehren wir zu unserer anfänglichen Prämisse zurück. Die Behauptung, dass die Einwanderer eine würdige Gruppe von Raketenwissenschaftlern, Unternehmern und Ärzten bilden. Dann werde ich alle, die diese Behauptung aufstellen, herausfordern, sie zu beweisen. Zeigen Sie uns die Daten, zeigen Sie uns, wie erfolgreich sie waren. Danach können wir anhand dieser Daten sehen, wie effektiv dieser Ansatz gewesen ist.

Ich für meinen Teil bezweifle sehr, dass es irgendeinen Erfolg zeigen wird. Stattdessen werden wir viele sehen, die in Mindestlohnjobs arbeiten, ein paar, die es geschafft haben, sich gut zu integrieren und einen normalen Job zu haben, und jede Menge, die von Sozialleistungen und Kriminalität abhängig sind. Denn das ist es, was uns die Daten bisher gezeigt haben. Man kann nicht argumentieren, indem man irgendein utopisches Ergebnis behauptet, nur um dann alle Gegenbeweise zu ignorieren, die später an die Oberfläche kommen. Dies ist nicht das Amerika der 1940er Jahre, das eine Gruppe von Wissenschaftlern aufnimmt, die aus Deutschland fliehen. Albert Einstein ist nicht der typische Einwanderer. Die heutigen Einwanderer sind nicht mit den nationalsozialistischen deutschen Wissenschaftlern zu vergleichen, die nach der deutschen Niederlage von den Amerikanern handverlesen wurden.

Die Forschungen über erfolgreiche unternehmerische Einwanderer konzentrieren sich alle auf die Vereinigten Staaten, was eine große Selektionsverzerrung darstellt. Viele Europäer und andere, die in die USA eingewandert sind, taten dies genau wegen ihres Unternehmergeistes, den sie in ihrem Heimatland nicht ausleben konnten.

Denken Sie an jemanden wie Nikola Tesla. Sie gingen in die Vereinigten Staaten wegen ihrer Kultur und Gesetzgebung, die die Gründung und das Wachstum von Unternehmen förderte. Ein ungelernter irakischer Bauer, der auf kostenloses Geld hofft und dem Wohlfahrtsstaat hinterherlaufen will, wird nicht den gleichen Effekt haben. Man kann diese Gruppen von Einwanderern nicht vergleichen.

Zum Thema Ärzte: Die getroffenen Maßnahmen sind ein Paradoxon. Wir beschränken die Zahl der Studenten, die sich für ein Medizinstudium einschreiben können, und wählen nur die Besten der Besten aus. Auf diese Weise werden die Ärzte vor Konkurrenz geschützt, und wir filtern stark, um sicherzustellen, dass wir die klügsten Köpfe in unseren

Krankenhäusern haben.

Trotzdem sagen wir dann, dass es toll ist, dass wir Einwanderer haben, die Schulen besucht haben, an denen sich jeder einschreiben kann, um Arzt zu werden, um die leeren Stellen in unseren Krankenhäusern zu füllen. Wir heißen sie willkommen, während wir viele Studenten enttäuschen, die Ärzte werden wollten, aber nicht einmal ihr Studium aufnehmen durften.

Diese Kombination von Faktoren hat zu den Verhältnissen im Vereinigten Königreich geführt, wo jeder dritte Arzt im NHS Asiate ist. Die meisten davon wurden in Indien und Pakistan ausgebildet. Das Vereinigte Königreich diskriminiert effektiv die einheimische britische Bevölkerung, wenn es darum geht, ein Arzt zu werden. Sollen wir glauben, dass es unter allen Briten nicht genug Intelligente gibt, die diesen Beruf ergreifen können? [1]

Außerdem scheint es, dass der NHS insgesamt nicht so gut funktioniert, und indische Ärzte im Besonderen. Der NHS sieht sich mit enormen Gerichtskosten für medizinische Fahrlässigkeit konfrontiert, und gegen indische Ärzte wird fünfmal so häufig ermittelt wie gegen britische. Ist das reiner Rassismus? Oder ist es möglich, dass diese Ärzte tatsächlich weniger kompetent sind? [3] [4]

Wenn diese Gruppen tatsächlich aus kompetenten Menschen bestehen, mit wertvollen Fähigkeiten, sind wir dann nicht unhöflich, weil wir sie aus ihren Heimatländern weggelockt haben? Werden diese Menschen in Syrien nicht gebraucht, um ihr eigenes Land wieder aufzubauen und dafür zu sorgen, dass es für kommende Generationen ein schöner Ort zum Leben ist?

Der Zweite Weltkrieg hat viele polnische Städte zerstört. Die Polen hatten nicht die Möglichkeit, so einfach in andere Länder zu fliehen. Was taten sie stattdessen? Die Städte wurden wieder aufgebaut, manchmal sogar größer als zuvor. Und jetzt sind diese Städte in der Tat schöne Orte zum Leben. Was war aus Polen geworden, als alle fähigen Leute weggegangen waren? Wie soll sich die Nation erholen, wenn ihr die besten und tatkräftigsten Leute weggenommen werden?

Die Lösung mit den Einwanderern ist aus diesem Grund fragwürdig; sie ist eher ziemlich egoistisch. Wenn wir davon ausgehen, dass die Bevölkerungszahl nicht schrumpfen darf und deshalb Migranten benötigt werden, um die Wirtschaft stabil zu halten, was ist dann mit den Ländern, aus denen diese Migranten kommen? In vielen süd- und osteuropäischen Ländern ist die Bevölkerungszahl gesunken, was auf eine Mischung aus niedriger Geburtenrate und einer großen Abwanderung in Richtung Nordwesteuropa zurückzuführen ist.

Griechenland mit seinen rund 10 Millionen Einwohnern steht in den nächsten Jahrzehnten ein Bevölkerungsrückgang von einem Drittel bevor. So schlimm das auch klingen mag, die restliche Überalterung der Bevölkerung verschärft die Probleme noch. Mit einem Drittel der Bevölkerung in der Altersgruppe der über 65-Jährigen sind die Rentensysteme nur schwer aufrecht zu erhalten. Griechenlands Fruchtbarkeitsrate fiel 1981 unter 2,1 und liegt jetzt bei 1,4. Griechenland wurde auch durch den wirtschaftlichen Absturz von 2008 hart getroffen, was zum Teil darauf zurückzuführen ist, dass Goldman Sachs dem Land geholfen hat, die EU auszutricksen, um es in die Euro-Währung zu lassen. Die Rekordarbeitslosigkeit in Griechenland zwang viele junge Griechen, ihre Heimat zu verlassen. Vielleicht zunächst mit dem Gedanken an eine spätere Rückkehr, gewöhnten sich viele an ihren Lebensstandard am neuen Standort. Auch wenn die Rezession von 2008 längst überwunden ist, kämpfen die Griechen weiterhin mit dem Wachstum ihres BIP. Nicht überraschend, wenn man bedenkt, dass ihre Bevölkerung seit 2010 stetig abgenommen hat. [5]

Nehmen Sie ein Land wie Syrien. Vom Krieg verwüstet, verbringen einige Flüchtlinge die Zeit in Lagern oder leben in angrenzenden Ländern. Diese Menschen können leicht zurückkehren, sobald wieder Frieden herrscht. Je weiter draußen sie fliehen, desto unwahrscheinlicher ist es, dass sie nach Syrien zurückkehren. Seit dem Ausbruch des Krieges ist die Bevölkerung von über 21 Millionen auf weniger als 17 Millionen gesunken. Wenn der Bevölkerungsrückgang so schrecklich ist und so viele Probleme mit sich bringt, wäre es dann nicht besser für Syrien, wenn diese Flüchtlinge zurückkehren würden, um die Bevölkerungszahlen wieder auf ein normales Niveau zu bringen?

Hinzu kommt, dass es oft die Jungen und Tatkräftigen sind, die auswandern. Wenn wir überglücklich sind, dass syrische Ingenieure nach Europa kommen, wären dann nicht genau diese Ingenieure sehr wertvoll für den Wiederaufbau Syriens? Die Befürworter der Einwanderung in den Westen feiern den Wert, den diese jungen, kompetenten Menschen für unsere

Nationen bringen. Doch wo ist die Schuld dafür, dass diese Menschen aus ihren eigenen Nationen gestohlen werden? Wenn diese Menschen wirklich ein wertvolles Gut sind, sind wir dann nicht gierig, wenn wir versuchen, sie alle zu nehmen?

Donald Trump hat gesagt, dass die Einwanderer, die aus Mexiko kommen, nicht ihre Besten sind. Wenn das, was er sagt, wahr ist, warum sollten dann die Vereinigten Staaten diese Menschen wollen? Warum braucht es sie? Wenn das, was er sagt, falsch ist, wären das dann nicht dieselben Leute, die Mexiko in Ordnung bringen können? Mexiko hat noch nicht allzu sehr mit den Migrationsströmen zu kämpfen, lange Zeit hatten sie Fruchtbarkeitsraten von über 6. Noch immer hängen sie mit 2,16 über der Ersatzrate, obwohl sie seit Jahrzehnten abwärts tendieren. Diese Fruchtbarkeitsraten führten zu einer Verdreifachung der mexikanischen Bevölkerung von weniger als 40 Millionen im Jahr 1960 auf heute über 120 Millionen.

Es gibt einen Ort auf der Welt, an dem die Bevölkerung weiterhin stetig wächst. Afrika. So sehr wir auch über Flüchtlinge aus Syrien oder Migranten von Ost- nach Westeuropa reden können, es gibt einen Ort, der in den nächsten Jahrzehnten Migranten liefern wird. Der einzige Ort mit anhaltend hohen Fruchtbarkeitsraten, die trotz eines gewissen Rückgangs immer noch weit über dem Reproduktionsniveau liegen. Derzeit leben 1,3 Milliarden Menschen in Afrika. Es wird erwartet, dass sich diese Zahl bis 2050 verdoppelt und 2,6 Milliarden erreicht. Dieses Wachstum ist auf einheimische Geburten zurückzuführen, nicht auf Zuwanderung aus anderen Teilen der Welt wie das Bevölkerungswachstum in den westlichen Ländern.

Es scheint schockierend, dass sich die Bevölkerung in Afrika in etwas mehr als drei Jahrzehnten verdoppeln wird. Damals, 1980, gab es nur 477 Millionen Afrikaner. Ein Bruchteil der 1,3 Milliarden, die sich heute auf dem Kontinent bewegen. Zum Vergleich: In Deutschland wuchs die Bevölkerung im gleichen Zeitraum von 78 Millionen auf 82 Millionen, und dieses Wachstum war rein migrationsbedingt.

Die Vorhersage ist, dass Afrika bis zum Ende des Jahrhunderts über 4 Milliarden Menschen erreichen wird. Dieses explosive Wachstum findet statt, während gleichzeitig andere Teile der Welt damit zu kämpfen haben, überhaupt ein Reproduktionsniveau der Fertilität zu erreichen. Afrika hat eine Fruchtbarkeitsrate von 4,7 gegenüber einer EU-Rate von 1,5. Die durchschnittliche Frau in Afrika hat fast fünf Kinder. Einige Länder, wie Niger, haben sogar noch mehr. Die arme Nation hat eine Fruchtbarkeitsrate von sieben. Es wird erwartet, dass die Bevölkerung von heute 20 Millionen bis zum Jahr 2100 auf mehr als 200 Millionen ansteigt. Diese Prognose beinhaltet die Annahme, dass die Fruchtbarkeitsrate des Landes tendenziell abnehmen wird, da dies ein globaler Trend ist.

Die Fruchtbarkeitsrate ist jedoch in den letzten 60 Jahren stabil geblieben, und es ist unwahrscheinlich, dass sich das schnelle Bevölkerungswachstum positiv auf das Einkommensniveau der Menschen in Niger auswirken wird. Der Grund, warum wir sagen können, dass die Fruchtbarkeitsrate in den letzten 60 Jahren stabil geblieben ist, ist, dass dies der Zeitraum ist, für den wir die Daten haben. Die Projektion für das Jahr 2100 für Niger mit einer unveränderten

Fertilitätsrate bringt sie auf 960 Millionen Menschen. Von 20 Millionen heute, auf fast eine Milliarde in 80 Jahren.

Es muss gesagt werden, dass diese Vorhersagen auch auf einen erwarteten Rückgang der Kindersterblichkeit und einen Anstieg der Lebenserwartung zurückzuführen sind. Kindersterblichkeit und Fruchtbarkeitsrate gehen in der Regel Hand in Hand, da Eltern mehr Kinder bekommen, um das Risiko auszugleichen, dass alle ihre Kinder in der Kindheit sterben. Ihr Gegenzug ist es, mehrere Kinder zu haben, von denen wahrscheinlich zumindest einige überleben. Sie brauchen diese Kinder zum Überleben, denn in solch armen Ländern sind die Kinder ihr Sicherheitsnetz im Alter. Ein üblicher Ansatz für diejenigen, die an Orten leben, an denen es keine funktionierenden Renten- und Gesundheitssysteme gibt. Das macht die 960 Millionen bis 2100 fragwürdig, aber die Zahl von 72 Millionen für Niger im Jahr 2050 sowie die 200 Millionen bis 2100 sind offizielle Schätzungen der Vereinten Nationen.

Die globale Fruchtbarkeitsrate ist von fünf im Jahr 1960 auf heute 2,5 gesunken. Es wird angenommen, dass dies auf den höheren Lebensstandard und die niedrigere Kindersterblichkeit zurückzuführen ist. Der höhere Lebensstandard und das Rentensystem sorgten dafür, dass die Menschen im Alter nicht auf ihre eigenen Kinder angewiesen sind, um für sie zu sorgen. Der Rückgang der Kindersterblichkeit sorgte dafür, dass die Menschen keine zusätzlichen Kinder bekommen mussten, um das Risiko auszuspielen, dass mehrere von ihnen früh im Leben verhungern. Das Sicherheitsnetz, das Kinder boten, war nicht mehr erforderlich. Diese Veränderung ging Hand in Hand mit anderen Fortschritten bei der Geburtenkontrolle, dem Eintritt der Frauen in die Arbeitswelt und einer längeren Ausbildung.

Afrika profitiert von den Vorteilen der Gesundheitsfürsorge, die von den Industrieländern zur Verfügung gestellt wird, und konnte seine Wirtschaft wachsen sehen. Dennoch ist es immer noch relativ arm. Sie leben länger und die Kindersterblichkeit wurde reduziert. Ihre Fruchtbarkeitsraten scheinen hinterherzuhinken, und die meisten Prognosen hätten sie bereits sinken sehen. Aus irgendeinem Grund bleiben ihre Raten im Vergleich zum Rest der Welt auf einem hohen Niveau. Vielleicht sind die Afrikaner einfach zurückhaltend bei der Anwendung von Verhütungsmitteln und weniger vorsichtig, vielleicht schätzen sie größere Familien. Ein weiterer Grund könnte die Unsicherheit sein, die das Leben in Afrika mit sich bringt. Viele Regierungen sind instabil, und es ist nicht zu erwarten, dass Sozialleistungen von Dauer sind. Um sich nicht auf die staatlichen Institutionen verlassen zu müssen, bilden Kinder eine Alternative.

Damit die Geburtenraten in Afrika sinken, müssen ihre Regierungen stabiler werden. Doch eine solche Stabilität ist schwer zu erreichen, wenn die Bevölkerung weiter boomt und Probleme mit Wohnraum und Arbeitslosigkeit schafft. Es scheint, dass in Afrika eine so stark ansteigende Bevölkerung die negativen Auswirkungen des Bevölkerungswachstums offenlegt. Es bringt Afrika in ein Catch-22-Szenario, in dem sie weder die höheren Fruchtbarkeitsraten noch die instabile Regierungssituation aufgeben können.

Die Vorhersage der UN von 2,6 Milliarden Afrikanern bis 2050 steht unter der Annahme, dass die Fruchtbarkeitsrate sinkt. Das bedeutet, dass, wenn die Zwickmühle weiter besteht, wir in Afrika bis 2050 eine Bevölkerung sehen könnten, die bereits die 3 Milliarden überschreitet.

"Es gab nur einen Haken und das war Catch-22, das besagte, dass die Sorge um die eigene Sicherheit angesichts realer und unmittelbarer Gefahren der Prozess eines rationalen Verstandes war. Orr war verrückt und konnte geerdet werden. Alles, was er tun musste, war zu fragen; und sobald er das tat, wäre er nicht mehr verrückt und müsste mehr Einsätze fliegen. Orr wäre verrückt, wenn er mehr Einsätze flöge, und geistig gesund, wenn er es nicht täte, aber wenn er geistig gesund war, musste er sie fliegen. Wenn er sie flog, war er verrückt und musste es nicht; aber wenn er es nicht wollte, war er zurechnungsfähig und musste es. Yossarian war von der absoluten Einfachheit dieses Satzes von Catch-22 sehr gerührt und stieß einen respektvollen Pfiff aus."

Wohin geht dieser Überschuss an Afrikanern? Seit 2010 sind eine Million Subsahara-Afrikaner nach Europa gezogen. Es ist zu erwarten, dass in den nächsten Jahren weitere Millionen versuchen werden, nach Europa zu gelangen, wenn keine Maßnahmen ergriffen werden. Es ist klar, dass der Lebensstandard in Afrika trotz Verbesserungen immer noch nicht an den in Deutschland heranreicht. So ist es nicht verwunderlich, dass Afrikaner nach Europa ziehen wollen und der Zusammenbruch des Regimes in Libyen eine neue Schmuggelroute eröffnet hat. Das Land befindet sich immer noch im Zustand der Anarchie und stellt für die Afrikaner aus den Ländern südlich der Sahara ein Einfallstor dar, um das Mittelmeer zu erreichen.

Die UNO sieht im afrikanischen Bevölkerungswachstum eine Chance, das Loch in der europäischen Bevölkerung zu füllen. So sehr die Befürworter der Einwanderung behaupten, dass die "Ersatzmigration" eine rechte Verschwörungstheorie sei, so sehr verwendet die UNO selbst den Begriff, wenn sie über Migrationsströme aus dem wachsenden Afrika ins schrumpfende Europa spricht. Die Lücke in Griechenland von drei Millionen Menschen in den kommenden Jahrzehnten könnte von Afrikanern gefüllt werden, die die Überfahrt machen. Aber hat jemand die Griechen gefragt, ob sie das wollen? [6]

Die Flüchtlingskrise aus dem Nahen Osten scheint vorerst eingedämmt zu sein, obwohl die Migrantenströme weiter anhalten. Jetzt tauchen neue Artikel über Klimaflüchtlinge auf, darüber, wie Teile Afrikas aufgrund des Klimawandels in den nächsten Jahren unbewohnbar werden, was diese Afrikaner zwingt, anderswo eine Heimat zu suchen. Die offensichtliche Schlussfolgerung ist, dass diese Afrikaner nach Europa fliehen werden, ein Ereignis, das von der UNO gefeiert wird, da es die Löcher stopfen wird, die durch die niedrigen Geburtenraten entstehen.

Der Präsident von Ghana, Nana Akufo-Addo, hat eine Rede gehalten, in der er sich mit den natürlichen Ressourcen Afrikas und seiner jungen, dynamischen Bevölkerung brüstet. Doch er beklagt, dass viele der Dynamischsten ihre Energien nutzen, um die Sahara zu durchqueren, das Mittelmeer zu überqueren und einen Weg nach Europa zu finden.

Er sagt: "Diese Energien wollen wir in unseren Ländern arbeiten lassen, und wir werden diese Energien in unseren Ländern arbeiten lassen, wenn wir unseren jungen Leuten sagen, dass ihre Hoffnungen, ihre Möglichkeiten hier bei uns sind. "

Er scheint mehr darauf erpicht zu sein, die Migrationsströme von Afrika nach Europa zu beenden, als Europa selber. Aber wenn Europa die moralische Überlegenheit beibehalten will, sollte es dann nicht den Schaden anerkennen, den das derzeitige Migrationssystem in Afrika anrichtet?

Er fährt fort: "Wir wollen, dass afrikanische junge Menschen in Afrika bleiben. Der Weg zur Unabhängigkeit erfordert, dass Afrika seine lebendige Jugend behält, um die Schaffung von Institutionen zu ermöglichen, die funktionieren und eine gut funktionierende und rechenschaftspflichtige Regierung schaffen. "Um Afrika vom Betteln wegzubringen."

Diese Standpunkte wiederholte er in einem Interview mit Marc Perelman von France24. Dort erklärt er, dass die Verantwortung, ein Umfeld zu schaffen, das der Jugend des Kontinents Chancen bietet, bei den Afrikanern selbst liegt. Ich glaube nicht, dass irgendjemand die Sahara durchquert und zu diesen klapprigen Booten im Mittelmeer geht, weil er es will. Sie fühlen einen gewissen Zwang dazu, weil es zu Hause nicht die Möglichkeiten gibt, die sie suchen. [7]

Entweder sind die Migranten wertvolle Arbeitskräfte, und es ist falsch, sie massenhaft aus ihren Heimatländern abzuziehen, oder die Migranten sind keine wertvollen Arbeitskräfte und die westliche Welt kann auf sie verzichten.

"Die Realität ist, dass die wirtschaftlichen Vorteile der Einwanderung, unabhängig von ihren anderen Vorteilen, fast ausschließlich den Migranten zugute kommen. Es sind Migranten, die Zugang zu öffentlichen Einrichtungen haben, für die sie zuvor nicht bezahlt haben. Es sind Migranten, die von einem höheren Lohn profitieren, als sie in ihrem Heimatland verdienen könnten. Und sehr oft wird das Geld, das sie verdienen - oder ein Großteil davon - an die Familie außerhalb des [Gastlandes] geschickt, anstatt dass es in die lokale Wirtschaft zurückfließt."

-Douglas Murray

Quellen:

[1] https://www.ncbi.nlm.nih.gov/pmc/articles/PMC2151817/

[2] https://medium.com/@normanmatloff1123

[3] https://www.bbc.com/news/health-51180944

[4] https://www.hindustantimes.com/world-news/indian-doctors-in-uk-more-likely-to-face-inquiries-than-british-counterparts/story-akpvKpJGCy8xESRDizbbOP.html

[5] https://population.un.org/wpp/Publications/Files/WPP2017_DataBooklet.pdf

[6] https://www.un.org/en/development/desa/population/publications/ageing/replacement-migration.asp

[7] https://www.youtube.com/watch?v=kwn_rhxwJJs

7. EINE UNAUFHALTSAME MACHT

"Migration ist ein Merkmal der Globalisierung, man kann sie nicht aufhalten."

- Margaret Hodge, Abgeordnete im Vereinigten Königreich

Ein weiterer beliebter Trugschluss ist, dass Grenzen nicht geschlossen werden können, selbst wenn wir es wollen würden. Dieser logische Trugschluss wird unter anderem von Margaret Hodge erhoben. Sie ist nur eine von vielen Abgeordneten in verschiedenen Parlamenten, die diese Schlussfolgerung ziehen. Sie behaupten, dass es einfach ein Merkmal unserer globalisierten Welt ist, so unveränderlich wie die Jahreszeiten, die kommen und gehen. Jeden Tag geht die Sonne auf, jeden Tag kommen Migranten in Ceuta, auf den Kanarischen Inseln und auf Lesbos an.

William Lacy Swing geht noch einen Schritt weiter und sagt, es sei nicht nur unvermeidlich, sondern sogar notwendig und wünschenswert. Das ist eine starke Aussage. Der wünschenswerte Teil ist höchst zweifelhaft, da es offensichtlich viele Menschen gibt, die es nicht wünschen, aber zu sagen, dass es notwendig ist, ist ebenfalls falsch.

Die Behauptung, es sei unvermeidlich, wird benutzt, um diejenigen zu entwaffnen, die dagegen sind. Als ob sie sagen wollen: "Es ist egal, was ihr glaubt, auch wenn dieses Ausmaß an Einwanderung nicht gut für unser Land ist, könnt ihr nichts tun, um es zu verhindern. Es ist sinnlos, dieses Thema überhaupt zu diskutieren." Es ist eine Demoralisierungskampagne.

Lustig genug schrecken diese Politiker zur gleichen Zeit vor nichts zurück, wenn es darum geht, den Klimawandel in Schach zu halten. Nun, ich will den Klimawandel hier nicht leugnen, aber wenn wir als Gesellschaft glauben, dass wir den Klimawandel eindämmen können, dann können wir doch sicher auch die menschlichen Migrationsmuster eindämmen? Ich würde sagen, letzteres ist unbestreitbar leichter zu erreichen, selbst mit einem winzigen Teil der Mittel, die für die Verhinderung des Klimawandels bereitgestellt werden. Nebenbei bemerkt würde die Eindämmung der Migrationsmuster auch den Kohlenstoff-Fußabdruck dieser Menschen reduzieren, so dass in diesem Sinne die Eindämmung der Migration tatsächlich hilft, den Klimawandel zu verhindern.

Das Argument mit den imaginären Linien möchte die Grenzen ganz abschaffen. Grenzen können schließlich nur imaginäre Linien sein, die auf einer Landkarte gezeichnet sind. Dieser Euphemismus ist wahr, wenn man ihn wörtlich nimmt, aber diese imaginären Linien haben sehr reale und klare Konsequenzen.

Im Grunde genommen ist jede Eigentumsgrenze genauso imaginär wie eine Grenze, aber wir akzeptieren dieses Argument nicht, wenn jemand unbefugt in unseren Garten eindringt. Zugegeben, Kommunisten würden sagen, dass dies auch für Grundstücksgrenzen gilt, aber zum Glück sind sie immer noch eine Minderheit und nicht die Gruppe, die wir überzeugen müssen.

Eine Familie hat die Grundstücksgrenzen um ihr Haus; eine Nation hat ihre Grundstücksgrenzen in Form von Grenzen um ihr Land. Linke und radikale Libertäre werden behaupten, dass Grenzen unnatürlich sind, während sie gleichzeitig behaupten werden, dass der Grund für das Chaos im Irak darin liegt, dass die europäischen Kolonisatoren wahllos verschiedene Völker mit unterschiedlichen Kulturen und Religionen in ein und dasselbe Land geworfen haben.

Die Schiiten, Sunniten und Kurden im Irak können nicht in Frieden zusammenleben und hätten in verschiedene Nationalstaaten aufgeteilt werden müssen, aber wenn es um Europa geht, können Flüchtlinge aus all diesen Gebieten plötzlich ohne Probleme in der gleichen Stadt zusammenleben? Grenzen sind wichtig, bis sie es nicht mehr sind. Hätten Grenzen um ihren Nationalstaat die Kurden nicht vor Saddams Gasangriffen geschützt? Es scheint also, dass diese imaginären Linien plötzlich doch eine gewisse Bedeutung haben, denn sie grenzen kulturelle, sprachliche und religiöse Gruppen voneinander ab. Minderheiten ihre eigene Heimat zu geben, verhindert, dass sie von jemand anderem unterdrückt werden.

Ja, es überrascht niemanden, der etwas Ahnung von Geschichte hat, dass Grenzen um Nationen gezogen werden. Und Nationen sind Gruppen, die die gleiche Kultur, Sprache und Religion haben. Grenzen dienen dazu, diese Nationen voneinander getrennt zu halten, um Konflikte zu reduzieren. Die Grenzen des Nationalstaates wuchsen im Laufe der europäischen Geschichte allmählich, als Imperien zerfielen und kleinere Staaten ihre Unabhängigkeit erlangten, wie z.B. im Westfälischen Frieden von 1648, als die Niederlande ihre Unabhängigkeit vom spanischen Reich erlangten, nachdem sie achtzig Jahre lang Krieg geführt hatten.

Der Nationalstaat war auch das Mittel der Wahl am Ende der napoleonischen Kriege und vor allem am Ende des Ersten Weltkriegs, wo das deutsche, britische, osmanische, russische, österreichisch-ungarische und französische Reich ihr Ende fanden. Imperien zerbrachen und die Unabhängigkeit der Völker, die Jahrhunderte zuvor unterjocht worden waren, entstand.

Später, als Jugoslawien zerfiel, wurde es in Regionen mit der gleichen Kultur, Sprache und Religion aufgeteilt. Ihnen allen ihr eigenes Land zu geben - Kroatien für die Katholiken, Serbien für die Orthodoxen und Bosnien für die Muslime - war die Lösung, um einen dauerhaften Frieden zu schaffen. Anstatt diese Menschen zu zwingen, zusammenzuarbeiten und zusammenzuleben, gaben sie zu, dass es effektiver wäre, sie einfach zu trennen.

Die Lösung für die Art von Konflikten, die diese Kriege ausgelöst hatten, bestand darin, den Menschen ihr eigenes Land zu geben, in dem sie das Recht auf Selbstbestimmung als Volk hatten, und Grenzen auf der Landkarte zu ziehen, um für jeden klar zu machen, wo die Souveränität eines Volkes begann und endete. Grenzen sind sehr nützliche Werkzeuge, um den Frieden zu sichern, nicht bloß 'imaginäre Linien'.

Illegale Einwanderung ist schwer zu stoppen, besonders in einem Land wie den Vereinigten Staaten, das eine lange Landgrenze zu Mexiko hat. In Europa ist es einfacher, die Einwanderung von außerhalb Europas zu stoppen. Die überwiegende Mehrheit kommt durch die Türkei und überquert die Ägäis nach Griechenland, oder sie beginnt in Nordafrika und überquert das Mittelmeer in Richtung Spanien oder Italien.

Um auf die andere Seite zu gelangen, brauchen sie Schiffe, die eine Marinepatrouille relativ leicht aufhalten könnte. Schwierig oder leicht, unmöglich ist es auf jeden Fall nicht. Und wenn es sich als unmöglich herausstellt, die gesamte Einwanderung zu stoppen, also 100 % davon, wäre es dann nicht trotzdem ein Erfolg, wenn sie 99 % der Migranten aufhalten können? Wäre nicht jeder Migrant, der gestoppt werden kann, als kleiner Sieg zu werten?

Unsere Regierungen wissen das auch, bis zu einem gewissen Grad. Obwohl Angela Merkel Flüchtlinge nach Deutschland einlud, machte die Europäische Union anschließend einen Deal mit der Türkei und zahlte Erdogan Milliarden, damit er den Migrationsstrom durch sein Land stoppte.

"Am 18. März 2016 haben der Europäische Rat und die

Türkei eine Vereinbarung getroffen, um den Strom der irregulären Migration über die Türkei nach Europa zu stoppen. Laut der EU-Türkei-Erklärung sollen alle neuen irregulären Migranten und Asylbewerber, die aus der Türkei auf den griechischen Inseln ankommen und deren Asylanträge für unzulässig erklärt wurden, in die Türkei zurückgeschickt werden." [1]

Diese Vereinbarung wurde ein Jahr, nachdem Angela Merkel darauf bestand, dass man den Zustrom von einer Million Migranten bewältigen könne, getroffen - eine Bemerkung, die anerkanntermaßen die Migrationsströme angeheizt hat. Es scheint, dass Europa das nicht konnte, und aus Angst, die Macht an die rechten Anti-Migrations-Parteien abzugeben, die in den Umfragen in ganz Europa nach oben schossen, entschied man sich für einen Deal. Deal ist vielleicht auch hier das falsche Wort, es war eher eine Bestechung, die die EU als großen Sieg zu verkaufen versuchte. Angelas Bemerkung dürfte die EU gut sechs Milliarden Euro gekostet haben.

Marine-Patrouillen. Es gibt zwar Marinepatrouillen, aber sie halten die Einwanderung nicht auf. Diese NGO-Schiffe (Non-Governmental Organization) liegen vor der libyschen Küste und warten nur darauf, dass ein Migrantenschiff "in Schwierigkeiten" ist. Dann kommen sie, um die Migranten vor der libyschen Küste zu retten und sie zurück an Land zu bringen. Zurück auf europäisches Land, das heißt.

Es handelt sich um einen Fährdienst zwischen Libyen und Italien. Sie erleichtern die Überfahrt der Migranten und fördern sie aktiv, indem sie sie so viel sicherer und einfacher machen. Das wird natürlich immer mehr Migranten aus aller Welt ansprechen, die Europa als den Garten Eden sehen. In ähnlicher Weise könnten die Migranten, die die verschiedenen griechischen Inseln erreichen, einfach in die Türkei zurückgeschickt werden. Seltsamerweise werden sie das aber nicht. Sie werden in Flüchtlingslagern in Griechenland festgehalten, bis andere europäische Länder akzeptieren, dass sie zu ihnen transportiert werden. Die Logik, die an diesem Punkt angewandt wird, ist, dass es unmenschlich ist, so viele Flüchtlinge in einem Lager zu halten, und deshalb muss man ihnen die Einreise erlauben.

Die Türkei scheint kein Interesse an der Rücknahme von Migranten zu haben, es sei denn, sie kann ein gutes Schmiergeld herausschlagen. Das ist kein guter Partner, aber was wird die EU tun?

Die Organisation, die geschaffen wurde, um den kleinen europäischen Ländern mehr Verhandlungsmacht auf der Weltbühne zu geben, ist schwach und unscheinbar. Die Europäische Union scheint bei allem zu versagen.

Marxistische Einflüsse sind real. Ich habe mit einem Mann gesprochen, der für das Rote Kreuz auf einem der Schiffe arbeitet, die Migranten von Libyen nach Italien übersetzen. Komischerweise schien er nicht von dem Wunsch motiviert zu sein, den Migranten zu helfen. Sicher, er zeigte in seinen Beiträgen auf LinkedIn, wie er diesen Menschen hilft und sammelte damit einige Empathiepunkte, aber ein tiefergehendes Gespräch mit ihm offenbarte seine wahren

Beweggründe.

Es ging ihm nicht darum, ein barmherziger Samariter zu sein. Nein, tatsächlich hoffte er, dass die Aufnahme von Migranten in Europa die Größe des Proletariats erhöhen und helfen würde, eine marxistische Revolution auszulösen, die die kapitalistischen Oberherren stürzt. "Aus meiner Sicht besteht die einzige Lösung für die gegenwärtige Krise im Sturz des Kapitalismus... Das Ziel ist es, Druck auf das kapitalistische System auszuüben, damit eine totale Veränderung stattfinden kann, nicht nur eine Neuwahl."

Obwohl er leugnete, dass ihn das zu einem Marxisten machte, da er nicht genug mit der Theorie vertraut war (oder so behauptete er), bestand er darauf, dass wir die Welt durch die marxistische Brille betrachten müssen. Nun, die Welt durch die "marxistische Brille" zu betrachten und sich den Tod des Kapitalismus zu wünschen, klingt sehr danach, ein Marxist zu sein. Das ist die Umnachtung derjenigen, die "die Migranten retten".

Entmutigen Sie sie. Die vollständige Schließung der Grenze mag nur der phantastische Traum gewisser Politiker sein, aber zumindest können Grenzübertritte entmutigt werden. Patrouillen, das Zurückschicken von Menschen in ihr Heimatland oder die Inhaftierung von Menschen, die sich illegal im Land aufhalten, sind verschiedene Optionen. Zumindest muss jede Form von Maßnahmen, die den illegalen Grenzübertritt von Migranten fördern, sofort gestoppt werden. Wohlfahrtszahlungen und andere Dinge, die ihnen das Leben angenehmer machen, müssen sofort beendet werden. Der Bau einer Mauer wird vielleicht nicht die gesamte Einwanderung stoppen, aber er kann ausreichen, um viele davon abzuhalten, es überhaupt zu versuchen. Erstens, hören Sie auf, Migranten zu ermutigen, zu kommen, zweitens, entmutigen Sie sie aktiv, drittens, ergreifen Sie Maßnahmen, wenn sie doch versuchen zu kommen, und schicken Sie sie zurück nach Hause. Es ist ein Trugschluss zu argumentieren, dass man sich nicht einmal die Mühe machen sollte, die illegale Einwanderung so weit wie möglich einzuschränken, da man sie nicht erreichen kann.

Wenn jemand in Ihren Garten eingedrungen ist und ein Zelt aufgeschlagen hat, zucken Sie auch nicht mit den Schultern und denken sich: "Na ja, die sind jetzt hier, da kann ich nichts machen". Sie lehnen sich nicht zurück und warten auf die Ankunft ihrer Familien. Nein, Sie sagen ihnen, sie sollen von Ihrem Grundstück verschwinden, bevor sie ihre Freunde einladen. Sie stellen ihnen den entstandenen Schaden in Rechnung. Und Sie denken darüber nach, einen größeren Zaun zu kaufen, damit so etwas nicht noch einmal passiert. Ihre Kinder spielen in diesem Garten und Sie wissen nicht, ob es ein glücklicher Camper oder ein Fußsoldat für ein Drogensyndikat war. Der Zaun um Ihren Garten ist dazu da, Ihre Familie zu schützen. Die Grenzkontrollen sind dazu da, Ihr Land zu schützen.

Im Moment wird kaum ein abgelehnter Asylbewerber tatsächlich aus dem Land ausgewiesen. In Frankreich werden gerade einmal 4% rausgeschmissen, während die anderen 96% in Frankreich bleiben. [2] Gleichzeitig dürfen die Fähren, die die Migranten vor Libyen aufgreifen, weiterfahren. Es gibt eine

Menge niedrig hängende Früchte, einfache Maßnahmen, die ergriffen werden können, doch unsere Politiker weigern sich, dies zu tun.

Niemand hat jemals das Argument verwendet, dass wir nie in der Lage sein, alle Verbrechen zu beenden, zu behaupten, dass wir daher die Polizei abschaffen sollte und nur erlauben, Verbrechen zu existieren. Das heißt, niemand außer ein paar BLM-Aktivisten, die einige gestörte Überzeugungen haben und die Polizei als Besatzungsmacht betrachten - ich habe keine Ahnung, wie sie sich vorstellen, dass die Kriminalität in Schach gehalten wird. Normale Menschen sind froh über jeden Kriminellen, den die Polizei fängt, auch wenn sie es nicht schafft, alle zu erwischen.

Was passiert ohne Entmutigung? Was passiert mit völlig offenen Grenzen? Nun, nehmen Sie zum Beispiel die Tatsache, dass 73% der Inder gerne in die Vereinigten Staaten auswandern würden. Das sind 73 % von 1,353 Milliarden Menschen, was immer noch fast eine Milliarde Menschen ist. Dreimal so viele wie die aktuelle Gesamtbevölkerung der Vereinigten Staaten. [3]

Glaubt jemand, dass das eine gute Idee ist, dass das eine Zukunft ist, die wir anstreben sollten? Es würde sowohl die Vereinigten Staaten als auch Indien zerstören.

Falsche und gebrochene Versprechen. Theresa May sagte: "Das Ziel ist es, hier in Großbritannien ein wirklich feindliches Umfeld für illegale Migration zu schaffen. Solche Ziele wurden bedauerlicherweise nie verwirklicht. Das Vereinigte Königreich ist nach wie vor ein beliebtes Ziel für Migranten aus der ganzen Welt. Das Land, das einst die Welt kolonisierte, leidet nun unter der Kolonisierung aus aller Welt.

Solche Behauptungen von Politikern sind nicht ungewöhnlich, besonders in der Wahlsaison. Um Stimmen zu gewinnen, behauptet jeder rechtsgerichtete Politiker, er werde hart gegen Einwanderung vorgehen. Wenn die Wahlen vorbei sind, ändert sich kaum etwas.

Die Politiker werden nicht zur Rechenschaft gezogen für die Ströme, die weiterhin in ihre Länder kommen. Und wenn sie es doch tun, spielen sie die Zahlen herunter. Sicher, die jährlichen Zahlen sind klein im Vergleich zur Gesamtbevölkerung. Das Problem liegt in ihrer Kontinuität, Jahr für Jahr.

Die Theorie, die ich hier vorschlage, besagt, dass Grenzen, die der kulturellen Kluft entsprechen, eine Quelle der Stabilität sind und ein Hauptgrund, warum wir in Europa friedlich leben können. Gerade weil die Polen, die Italiener, die Briten und die Niederländer ihre eigenen Länder mit klaren Grenzen haben. Eine in der Cornell University Library gefundene Studie (Good Fences: The Importance of Setting Boundaries for Peaceful Coexistence) bestätigt diese Hypothese.

Darin heißt es: "Unsere Analyse zeigt, dass Frieden nicht von integrierter Koexistenz abhängt, sondern vielmehr von gut definierten topographischen und politischen Grenzen, die Gruppen voneinander trennen... Unsere Analyse unterstützt die Hypothese, dass Gewalt zwischen Gruppen durch physische und politische Grenzen gehemmt werden kann. Eine ähnliche Analyse für das Gebiet des ehemaligen Jugoslawien zeigt, dass während weit verbreiteter ethnischer Gewalt die bestehenden politischen Grenzen nicht mit den Grenzen der einzelnen Gruppen übereinstimmten, aber in bestimmten Gebieten, in denen sie übereinstimmten, herrschte Frieden. Der Erfolg des Friedens in der Schweiz kann als Modell für die Lösung von Konflikten in anderen ethnisch vielfältigen Ländern und Regionen der Welt dienen."

Ist es also so seltsam, dass wir eine Welt vorschlagen, die mit den wissenschaftlichen Erkenntnissen übereinstimmt, eine Welt des Friedens?

Lassen Sie uns ein Gedankenexperiment machen und uns eine Welt ohne Grenzen vorstellen. Per Definition muss eine solche Welt anarchistisch sein, ohne jede Form von Regierung, oder sie muss von einer einzigen Weltregierung regiert werden. Da reine Anarchie kein allgemein diskutiertes Konzept ist, werde ich davon ausgehen, dass man sich auf das Szenario bezieht, in dem es eine Eine-Welt-Regierung gibt. Auch weil reine Anarchie höchstwahrscheinlich zum Aufstieg von Kriegsherren führen würde, die ihre Reiche schützen und eine neue Form des Feudalismus schaffen würden. Es dauerte nur einige Tage, bis ein Warlord in der "Capitol Hill Autonomous Zone" auftauchte, die während der Black Lives Matter-Proteste nach dem Tod von George Floyd entstand.

Wenn Sie ein Anarchist sind, herzlichen Glückwunsch, aber Sie werden immer Teil einer Nische sein, die an kommunistische oder radikale libertäre Träume glaubt, die aufgrund der grundlegenden menschlichen Natur wahrscheinlich niemals Realität werden. Wahrscheinlich werden Sie aus Ihrer anarchistischen Phase herauswachsen und zu einer anderen politischen Orientierung übergehen. Außerdem gäbe es selbst im ultimativen kommunistischen Traum, keine Regierung und keine Grenzen zu haben, Gemeinschaften von Menschen, die in Frieden zusammen leben und arbeiten. Würden diese Kommunen nicht bestimmen, wer Zutritt zu ihrem Land und ihren Höfen haben darf?

Die Vorstellung, dass alle Menschen friedlich zusammenleben würden, ohne irgendwelche Regeln oder Autoritäten, ist bis zu diesem Punkt nichts weiter als der feuchte Traum eines Teenagers, der Che Guevara als Idol hat. Wenn Sie ein Anarchokapitalist sind, was die andere extreme Version der Anarchie ist, in der rechtsgerichtete Libertäre von einer Welt ohne Steuern oder eine Regierung träumen, die ihre Handlungen kontrolliert. Sie glauben vielleicht an eine Welt ohne Grenzen, aber Sie glauben an Eigentumsgrenzen, die im Grunde genommen genau das Gleiche bedeuten.

Ehrlich gesagt, treibt der Anarchokapitalismus die Grenzen in ein anderes Extrem, da diese freiheitsliebenden Radikalen es für angemessen halten würden, jeden zu töten, der unbefugt ihr Privateigentum betritt. Da Hausfriedensbruch eine Form der Aggression ist, würde das Töten eines Eindringlings nicht gegen das Prinzip der Nicht-Aggression verstoßen.

Natürlich werden die Anarchisten, nachdem sie das gelesen haben, beleidigt sein und eine lange Reihe von Argumenten parat haben, um mir das Gegenteil zu beweisen, aber ehrlich gesagt spielt das keine Rolle. Sogar Anarchisten wissen, dass ihr Traum unrealistisch ist und wahrscheinlich weder zu ihren Lebzeiten noch in der Zeit danach eintreten wird.

Einige mögen nun sagen, dass die Abschaffung von Grenzen nicht bedeutet, dass es überhaupt keine Länder mehr gibt. Das tut es aber, denn wie würde das geographische Gebiet dieses Landes definiert werden? Wie würde ich wissen, an welche Regierung ich Steuern zahlen muss, je nachdem, wo ich lebe und arbeite? An welche Regierung sollte ich mich wenden, wenn ich arbeitslos werde? Welche Gesetze gelten für mich? Das alles hängt von dem Land ab, in dem ich mich physisch befinde, und das wird durch das Vorhandensein einer Grenze bestimmt. Ob Sie sie nun Grenze nennen oder ihr einen anderen Namen geben wollen, es bleibt dasselbe.

Eine Nation für die ganze Menschheit? Lassen Sie uns mit dem Konzept einer Eine-Welt-Regierung fortfahren. Erwarten Sie, dass diese Eine-Welt-Regierung demokratisch sein wird? Dann sind Sie, selbst wenn Sie in der westlichen Welt zur Arbeiter- oder Mittelschicht gehören, auf globaler Ebene überdurchschnittlich reich.

Sie können erwarten, dass Sie eine unglaubliche Menge an Steuern zahlen, um die Entwicklung von Asien, Afrika und Südamerika zu finanzieren. Immerhin wären die Sozialleistungen und die zu erwartende Gesundheitsversorgung überall auf der Welt gleich.

Das bedeutet auch, dass sich Ihr Lebensstandard

verschlechtern wird; Sie werden ärmer sein und Zugang zu weniger Waren und Dienstleistungen haben. Das ist ein Teil davon, die Welt egalitärer zu machen.

Die Katalanen sind bereits frustriert, dass sie für den Rest Spaniens zahlen müssen. Die Niederländer und Deutschen sind verärgert, dass ihr Geld nach Südeuropa fließt. Norditalien möchte sich von Süditalien abspalten, da es sie nur Geld kostet. Flandern möchte sich von Wallonien trennen. Kalifornien und New York schauen auf den Mittleren Westen herab. Westdeutschland zahlt immer noch einen Solidaritätszuschlag, um die Entwicklung der ärmeren östlichen Regionen zu bezahlen.

Stellen Sie sich all diese Frustrationen um ein Vielfaches multipliziert vor, wenn ein französischer Bürger Steuern für den Ausbau neuer Straßen in Kasachstan zahlt, die jedes Jahr einfrieren und ständig repariert werden müssen. Freut sich da wirklich jemand drauf?

Sind die Schotten, die ihren Ölreichtum nur ungern mit den Engländern teilen, von der Idee angetan, ihre Öleinnahmen für den Bau neuer Moscheen im Jemen auszugeben? Sind Sie wirklich scharf darauf, dass China den gleichen Mindestlohn wie Dänemark hat, was erwarten Sie denn dann?

Sie werden weniger verfügbares Einkommen haben. Sie werden weniger Sozialleistungen in Anspruch nehmen können und Sie können erwarten, dass alles, was von der Regierung finanziert wird, darunter leiden wird. Die Regierung wird kein Geld haben, um Ihr Lieblingsmuseum zu finanzieren, wenn die

Hälfte der Welt immer noch kein ordentliches Abwassersystem hat.

Ihre Regierung investiert in andere Teile der Welt, die in Bezug auf Infrastruktur und soziale Sicherheit weit zurückliegen. Ihre Steuergelder finanzieren diese Entwicklung. Die Bewohner dieser Teile der Welt würden für diejenigen stimmen, die ihnen ein größeres Stück vom Kuchen versprechen. Das führt dazu, dass Ihr Stück vom Kuchen, das derzeit recht groß ist, schrumpft.

Stellen Sie sich jetzt vor, dass jeder Arbeitslose in Afrika ein Anrecht auf Sozialhilfe-Schecks von der Regierung Ihres Landes hat. Wie würde das Ihr Land belasten?

Sogar die Europäische Union kämpft damit, sich in einen einzigen Staat zu verwandeln, da die Deutschen, Holländer, Belgier und Finnen (und bis vor kurzem auch die Briten, was ein großer Teil der Gründe ist, warum sie beschlossen haben, das Schiff zu verlassen) frustriert sind, Transferzahlungen an Italien, Spanien, Portugal, Griechenland und andere finanziell schlecht funktionierende Regierungen finanzieren zu müssen. Das ist nur der wirtschaftliche Aspekt. Da die Westler auf globaler Ebene eine Minderheit sind, würde der Präsident der Welt wahrscheinlich ein Inder, Chinese oder Afrikaner sein, da sie die größten Wählerblöcke haben.

Milliarden von Menschen, die Ihre Kultur nicht mögen und deren Kultur Sie nicht schätzen, würden Ihre Demokratie teilen. Wie viele Menschen schlagen tatsächlich eine solche grenzenlose Welt vor? Wie viele Menschen würden sich wünschen, vom derzeitigen chinesischen Präsidenten regiert zu werden? Wollen Sie einen Präsidenten haben, der Hunde isst? Nur Fanatiker glauben an die ultimative Macht der Demokratie, während Papst Benedikt XVI. sagte: "Die Wahrheit wird nicht durch eine Mehrheitsentscheidung bestimmt." Die Vielzahl der Nationen mit Selbstbestimmung ist ein wahrer Segen für die Menschheit, und ein völlig unterschätzter noch dazu.

"Migration ist unvermeidlich, notwendig und höchst wünschenswert."

- William Lacy Swing, Generaldirektor der Internationalen Organisation für Migration

Quellen:

[1] https://www.europarl.europa.eu/legislative-train/theme-towards-a-new-policy-on-migration/file-eu-turkey-statement-action-plan

[2] http://www.thelocal.fr/20151020/france-deports-just-four-percent-of-asylum-seekers

[3] https://www.washingtonpost.com/news/volokh-conspiracy/wp/2015/08/19/a-question-related-to-open-immigration-policy/

8. EINE VÖLLIG NEUE WELT

*"Reisen und Ortswechsel geben dem Geist neuen
Schwung."*

– Seneca, Roman Philosoph

Dann gibt es diejenigen, die nicht zwischen der Fähigkeit zu reisen und eine Nation zu besuchen, und einem Wohnsitz in dieser Nation, einschließlich eines Passes, unterscheiden können. Ja, Menschen sollte es erlaubt sein, in den Urlaub zu fahren und andere Orte zu besuchen.

Reisen ist eine großartige Erfahrung und führt uns in die große Vielfalt der Kulturen ein, die unsere Welt zu bieten hat. Das heißt aber nicht, dass ich mir irgendein Land auf der Welt aussuchen kann und erwarten kann, dort Bürger zu werden und ein Recht auf deren Sozialleistungen zu haben. Ein Tourist und ein Einwanderer zu sein, sind sehr unterschiedliche Dinge.

Reisen bedeutet, Grenzen zu überschreiten, Grenzen sind da, um zu bleiben. Die einzigen Menschen, für die dieses Konzept keinen Sinn ergibt, sind diejenigen, die glauben, dass wir alle Grenzen abschaffen sollten. Etwas, das wir im vorherigen Kapitel besprochen haben. Tourismus ist großartig, gerade weil er uns erlaubt, Menschen zu treffen, die anders sind, und eine andere Kultur zu erleben.

Seien Sie ein Tourist. Die Hauptfrage hier war, warum sollten wir Menschen am Reisen hindern? Ich möchte niemanden am Reisen hindern, abgesehen von denen mit einem schweren Strafregister und denen, die ihr Touristenvisum wahrscheinlich missbrauchen, um illegal in ein Land einzureisen.

Reisen Sie, sehen Sie die Welt, und kehren Sie nach Hause zurück. Benehmen Sie sich in dem Land, das Sie besuchen, wie ein Gast. Der Tourismus ist eine große Einnahmequelle und kurbelt den Wohlstand und die Wirtschaft des Gastlandes an. Ein Tourist kann, offen gesagt, nicht mit einem Bürger verglichen werden. Ein Tourist hat weder Rechte, was er vom Staat zu erwarten hat, noch Pflichten gegenüber dem Staat. Ein krimineller Tourist wird des Landes verwiesen. Von einem Touristen wird weder erwartet, dass er Steuern zahlt, noch dass er Sozialleistungen erhält. Ein Tourist nimmt weder eine Arbeit an, noch erhält er Arbeitslosengeld.

Niemand will den gesamten Tourismus verbieten, das ist ein Strohmann-Argument. Der einzige Tourismus, der vorübergehend verboten werden sollte, ist der, der aus Ländern kommt, in denen Menschen das Touristenvisum missbrauchen, um dauerhaft umzuziehen und sich zu weigern, nach Hause zurückzukehren. Das sollte ein Verbrechen sein, das zur Ausweisung und Verbannung aus dem Land führt.

Wenn ein Nigerianer ein Touristenvisum nimmt, um Spanien zu besuchen, sein Visum überzieht und festgestellt wird, dass er illegal in Frankreich arbeitet und lebt, sollte er vor Gericht gestellt, verurteilt, ausgewiesen und mit einem Verbot belegt werden, jemals wieder ein EU-Land zu besuchen. Wenn Tausende von Nigerianern diesen Schwindel jedes Jahr versuchen, könnte die EU beschließen, sich einfach zu weigern, weitere Touristenvisa an Nigerianer zu vergeben. Das könnte eine gerechtfertigte Maßnahme sein, vielleicht nicht auf Dauer, aber für einige Jahre oder so, nach denen sie mit strengeren Anforderungen wieder öffnen können.

Expats. Expatriates, Menschen, die im Ausland arbeiten. Diese Gruppe lebt und arbeitet in einem anderen Land, zahlt dort oft Steuern und nutzt das lokale Gesundheitssystem. Sie haben einen guten Job bei einer Firma, die eine Niederlassung im Ausland eröffnet und möchte, dass Sie diese eröffnen. Manche Expatriates arbeiten für einige Wochen, andere für mehrere Jahrzehnte im Ausland. Dabei behalten sie in der Regel ihre ursprüngliche Staatsangehörigkeit und leben als Gäste im Gastland.

Hinzu kommt, dass Expats nur einen winzigen Teil der Migranten ausmachen, in der Regel gut verdienen und hoch gebildet sind und nach einiger Zeit in ihre Heimat zurückkehren. Wenn sie arbeitslos werden, bleiben sie nicht. Wenn sie kriminell werden, verlieren sie ihren Job und bleiben nicht.

Solange es multinationale Konzerne gibt, wird es Expats geben. Das ist in Ordnung, aber man muss es den Expats nicht leicht machen, einen Pass zu bekommen. Dieser Teil macht einen entscheidenden Unterschied. Niemand muss Expats helfen, und Expats neigen auch nicht dazu, zu erwarten, Hilfe zu bekommen.

Wie Seneca sagte, reisen Sie um die Welt. Sie ist voll von schönen Orten. Genießen Sie die Sehenswürdigkeiten, die die Natur zu bieten hat. Genießen Sie die Schönheit der Gebäude, die vor Generationen gebaut wurden. Doch freuen Sie sich am Ende eines Urlaubs nicht darauf, wieder nach Hause zu fahren? Nach Hause, an den Ort, der Ihnen vertraut ist, wo jeder Ihre Sprache spricht und Sie versteht.

"Reisen ist nicht immer schön.
Es ist nicht immer bequem.
Manchmal tut es weh, es bricht einem sogar das Herz.
Aber das ist in Ordnung.
Die Reise verändert Sie; sie sollte Sie verändern.
Sie hinterlässt Spuren in Ihrem Gedächtnis, in Ihrem
Bewusstsein, in Ihrem Herzen und in Ihrem Körper. Sie
nehmen etwas mit. Hoffentlich lässt man etwas Gutes zurück."

– Anthony Bourdain

VERBRECHEN UND... STRAFE?

"Der Mensch, der ein Gewissen hat, leidet, während er seine Sünde eingesteht. Das ist seine Strafe."

— Fyodor Dostoyevsky

Statistiken können uns beweisen, dass einige Migrantengruppen eher zu kriminellem Verhalten neigen als die einheimische Bevölkerung. In Schweden werden über 80 % der Vergewaltigungen von Migranten begangen. [1] Manche erklären dieses Verhalten gerne damit, dass es auf sozioökonomische Faktoren zurückzuführen ist, aber es bleibt die Frage, wie es zu einer Vergewaltigung kommen kann, wenn man arm ist. Ich kann mir vorstellen, dass jemand eher stiehlt, wenn er oder sie hungert oder in Not lebt, aber wie sieht es mit Vergewaltigung aus? Weil sie zu arm sind, um sich eine Prostituierte zu leisten?

In diesem Fall sollte dieser Effekt in Ländern, in denen es bereits so gut wie keine Prostitution mehr gibt, nicht sichtbar sein, da alle Männer, unabhängig von ihrem wirtschaftlichen Status, aufgrund ihres sexuellen Drucks eher zu

Vergewaltigungen neigen würden. Sexpuppen würden eine Lösung bieten.

Nein, es ist allgemein anerkannt, dass es bei Vergewaltigungen nicht um den Wunsch nach Sex geht, Männer können sich Pornos anschauen, masturbieren und damit fertig sein. Bei Vergewaltigung geht es um Macht und Gewalt. Es geht darum, jemanden zu dominieren und zu demütigen.

Die Gruppenvergewaltigung an einem Mädchen in Schweden im Jahr 2017, die auf Facebook übertragen wurde, wurde wenig überraschend von Männern mit Migrationshintergrund begangen. Andere Männer mit ähnlichem Hintergrund kommentierten das Video mit Schadenfreude, ist das vielleicht ein Zeichen dafür, wie echte Vergewaltigungskultur aussieht? [2]

Solche Gruppenvergewaltigungen sind in Europa keine Seltenheit mehr, obwohl sie vor dem massiven Migrationszustrom fast nicht existent waren. Aus Düsseldorf im Jahr 2020: "Auf der Polizeiwache beschuldigten sich die Männer, zwei Brasilianer im Alter von 19 und 32 Jahren, ein 34-Jähriger aus Marokko und ein 21-Jähriger aus Angola, gegenseitig, die Tat begangen zu haben. Ist das ein schönes Beispiel für Vielfalt? Menschen aus drei Nationalitäten kommen zusammen, um gemeinsam zu vergewaltigen. [3] In der Kategorie "Sexualdelikte" wurden beispielsweise 3.261 Deutsche Opfer von Sexualdelikten mit einem Zuwanderer als Tatverdächtigen, während nur 89 Zuwanderer Opfer eines deutschen Tatverdächtigen wurden.

In Schweden zeigt sich, dass Migranten aus Nordafrika 23-mal wahrscheinlicher eine Vergewaltigung begehen, als ein stereotyper Sven, der in Schweden geboren und aufgewachsen ist. Afrikanische Migranten aus dem restlichen Afrika sind 16-mal wahrscheinlicher, verglichen mit den schwedischen Ureinwohnern. [4]

In Oslo, Norwegen, hatten alle Vergewaltigungen in einem Zeitraum von vier Jahren nicht-europäische Einwanderer als Täter, während die Opfer überwiegend norwegische Frauen waren. Das bedeutet, dass, wenn Norwegen seine Grenzen geschlossen gehalten hätte, es in Oslo über mehrere Jahre hinweg keine Vergewaltigungen gegeben hätte. [5] Außerdem, was nützt es den Mädchen, die am Ende vergewaltigt werden, zu sagen, dass die Ursachen Armut und Schwierigkeiten bei der Integration waren? Macht es sie am Ende weniger vergewaltigt, lindert es ihren Schmerz und ihr Trauma? Ist es dann nicht das Ziel des Staates, seine Bürger zu schützen, wozu auch gehört, Mädchen vor Vergewaltigungen zu bewahren?

Die Mehrheit rechtfertigt nicht die Minderheit. Die Mehrheit der Einwanderer sind immer noch gesetzestreue Bürger, was es schwierig macht, diesen Punkt zu diskutieren. Es erscheint hart, die ganze Gruppe zu kritisieren, wenn man sich auf diejenigen in der Gruppe konzentriert, die die schlimmsten Elemente sind und am Ende das Gesetz brechen. Andererseits ist es unwahrscheinlich, dass in einer Gruppe von Einwanderern jemals eine Mehrheit der Bevölkerung zu kriminellen Aktivitäten übergehen wird.

Könnten wir eine Gruppe erst dann für ihr kriminelles Verhalten kritisieren, wenn mehr als die Hälfte von ihnen wegen eines Verbrechens verurteilt worden ist? Würde das überhaupt ausreichen, da es immer noch nicht-kriminelle Elemente in der Gruppe gibt? In gewisser Weise ist es immer eine Diskriminierung. Es macht wenig Sinn, das Urteilsvermögen so einzuschränken.

Wenn der Durchschnitt in einem Land ist, dass einer von 100.000 Menschen ins Gefängnis kommt, weil er gegen das Gesetz verstoßen hat, also 0,001%, dann ist es schon schockierend, wenn die Zahl der verurteilten Kriminellen aus der Einwandererbevölkerung 0,1% erreicht, also hundertmal so hoch ist.

Hundertmal so viele Vergewaltigungen, Einbrüche und Morde. Viertel, die von Einwanderern bevölkert sind, wären im Vergleich zu den einheimischen Gebieten mit hundertfacher Kriminalität konfrontiert, ein massiver Unterschied. Trotz dieses Unterschieds verstößt die große Mehrheit dieser Migrantenbevölkerung möglicherweise nicht gegen das Gesetz. Allerdings können wir nicht im Voraus sagen, wer die Kriminellen sein werden, abgesehen davon, dass es im Allgemeinen junge Männer sind.

Würden Sie es begrüßen, wenn die Kriminalität um das Hundertfache ansteigt? Oder wäre es Ihnen lieber, wenn sie wegbleiben? Nicht alle sind kriminell, aber der Anteil der Kriminellen ist höher als in Ihrer eigenen Gruppe. Ist es das wert? Ist es wünschenswert? Würden Sie es verteidigen, wenn 99 von 100 voraussichtlich kriminell werden, weil der eine vielleicht unschuldig bleibt?

Ein solcher Anstieg der Kriminalität bringt eine Menge Nebenwirkungen mit sich. Nicht nur, dass die Regierung mehr Geld für die Polizei ausgeben muss, um sie in die Lage zu versetzen, das Gesetz durchzusetzen (oder es zumindest zu versuchen) und zu vermeiden, dass No-Go-Zonen geschaffen werden, in die sich die Polizei nicht hineintraut, sondern es wird auch das allgemeine Vertrauensniveau in einer Gesellschaft zerstören.

Es mag für diejenigen, die in der Stadt aufgewachsen sind, schwer vorstellbar sein, aber es gibt immer noch viele Dörfer, in denen sich die Leute nicht einmal darum kümmern, ihre Tür abzuschließen, wenn sie das Haus verlassen. Leute, die ihre Sachen im Garten herumliegen lassen, oder die ihr Auto oder Fahrrad nicht abschließen. Das ist ein Zeichen für eine vertrauensvolle Gemeinschaft, die selbst durch geringfügige kriminelle Aktivitäten in der Umgebung leicht gestört werden kann.

Gebiete mit geringem Vertrauen sind solche, in denen die Menschen nach Einbruch der Dunkelheit nicht mehr umherwandern, in denen Metallgitter vor den Fenstern stehen, in denen auf der Straße geparkte Autos angezündet werden.

Wenn also jemand behauptet, dass Migration vorteilhaft ist, können wir dann sagen, dass das wirklich der Fall ist, wenn wir einen solchen Anstieg der Kriminalität sehen? Sicher, man kann sagen, dass es an sozioökonomischen Faktoren liegt, was bestenfalls teilweise stimmen mag. Aber Tatsache ist, dass diese

Verbrechen durch eine andere Grenzpolitik hätten verhindert werden können.

Menschen, die ermordet wurden, hätten überlebt. Frauen, die vergewaltigt wurden, wären in der Lage gewesen, ohne Angst zu leben. Die Ursache, warum Migranten kriminell werden, ist irrelevant, wichtig ist, dass sie es tun. Was zählt, ist, dass man diesen Menschen die Einreise hätte verwehren und die Kriminalität hätte verhindern können.

Erhöhen Migranten wirklich die Kriminalität? Lassen Sie uns einen Factcheck-Artikel der BBC zitieren: "Wenn man das noch weiter herunterbricht, machten 2017 diejenigen, die als "Asylbewerber oder Bürgerkriegsflüchtlinge oder illegale Einwanderer" klassifiziert wurden, insgesamt 8,5 % aller Verdächtigen aus. Und das, obwohl sie nur 2 % der Gesamtbevölkerung Deutschlands ausmachen.

Bei der Gewaltkriminalität waren 2017 10,4 % der Mordverdächtigen und 11,9 % der Tatverdächtigen bei Sexualdelikten Asylbewerber und Flüchtlinge... Eine von der Bundesregierung in Auftrag gegebene Analyse für das Bundesland Niedersachsen, das die vierthöchste Zahl von Asylbewerbern aufgenommen hat, ergab einen Anstieg der Gewaltkriminalität um 10,4 % zwischen 2014 und 2016. Sie analysierte die aufgeklärten Straftaten und führte den überwiegenden Teil des Anstiegs auf Migranten zurück. [6]

In Frankreich sind schwindelerregende 60 bis 70 % der Gefängnisinsassen Muslime, obwohl sie nur etwas mehr als 10 % der Bevölkerung ausmachen. Kann das alles durch Vorurteile der Polizei und der Justiz erklärt werden? Oder könnte es auch sein, dass sie mehr Verbrechen begehen? [7]

Es gibt in der Tat mehr britische Muslime, die sich ISIS anschließen, als solche, die dem britischen Militär beitreten. Sie würden eher für einen terroristischen Staat kämpfen, der Sexsklaven hält, Videos von Enthauptungen ausstrahlt und unschuldige Menschen abschlachtet, als dass sie für die Nation kämpfen würden, in der sie leben. [10]

Die meisten leugnen nicht, dass Migranten Verbrechen begehen, oder sogar noch mehr Verbrechen, sie versuchen nur, es wegzuerklären. Es liegt an der Sozioökonomie, an der Demographie, an der Diskriminierung, an der Illegalität und so weiter.

Doch auch die zweite Generation, die von zugewanderten Eltern geboren wurde, weist eine erhöhte Wahrscheinlichkeit auf, für Straftaten verurteilt zu werden. "Personen mit ausländischem Hintergrund, so behaupten frühere Studien, sind in der schwedischen Kriminalitätsstatistik überrepräsentiert, insbesondere diejenigen, die in einem fremden Land geboren sind. Wenn auch in etwas geringerem Ausmaß, weisen diejenigen, die in Schweden geboren sind und mindestens einen im Ausland geborenen Elternteil haben, ebenfalls ein höheres Risiko auf, wegen einer Straftat registriert zu werden... Seit 2005 und der Veröffentlichung des zweiten Berichts der Agentur für Verbrechensverhütung... ist die Wahrscheinlichkeit, wegen einer Straftat registriert zu werden, für die zweite Generation der in Schweden geborenen Migranten gestiegen." [8]

Aus dem Bericht geht hervor, dass 72 % der Fälle von Mord und Totschlag einen Migranten als Täter haben, während Migranten und ihre Nachkommen weniger als ein Drittel der schwedischen Bevölkerung ausmachen.

Die Kriminalität, die Migranten mit sich bringen, ist ein klarer Negativpunkt, der von den Machthabern anerkannt werden muss, wenn sie von skeptischen Wählern ernst genommen werden wollen. Man kann dieses Problem nicht ignorieren oder die Daten verstecken, weil man befürchtet, dass es die rechtspopulistischen Parteien im Parlament füttert. Ignorieren Sie es jedoch, und was passiert dann? Wird Ihr Land wie das Vereinigte Königreich enden, wo asiatische Grooming Gangs die Unschuld von hunderttausenden junger britischer Mädchen verletzen? Wird es wie Schweden aussehen, wo Migranten eine Explosion von Handgranatengewalt verursachen, ein Problem, das es in Schweden bis vor ein paar Jahren einfach nicht gab? Oder wie Frankreich, wo man wegen Meinungsfreiheit getötet und geköpft wird?

Ist es das wert, unsere sicheren, vertrauensvollen Gesellschaften durch Orte zu ersetzen, an denen man aufpassen muss, dass die eigene Tochter nicht groomed oder gruppenvergewaltigt und dabei gefilmt wird, nur damit andere dabei zusehen können, wie sie vergewaltigt wird? Eine Gesellschaft, in der man nicht allein im Dunkeln spazieren gehen kann, weil man Angst hat, überfallen oder verprügelt zu werden, eine Gesellschaft, in der die eigene Wohnung durch Handgranaten in die Luft gesprengt werden kann oder in der man wahllos von einem durchgeknallten Asylbewerber erstochen werden kann? Sicher, Kriminalität hat es immer gegeben, aber sie war objektiv weniger häufig und weniger gewalttätig.

Es ist nichts Fremdenfeindliches daran, nicht in einer kriminellen Dystopie leben zu wollen. Verbrechensstatistiken sind Fakten. Echte Menschen leiden wirklich, das sind keine mythologischen Geschichten und sie sind keine faschistische Propaganda. Es ist keine irrationale Angst, in einer sicheren Stadt leben zu wollen; es ist etwas, das jeder Hauskäufer überprüft; wie sicher ist die Nachbarschaft?

Eine letzte Art von Verbrechen, die in Europa völlig neu ist, sind Ehrenmorde und Übergriffe. Eine Art von Verbrechen, die sich gegen diejenigen richtet, die den Islam ablehnen, seine Regeln nicht befolgen und ungehorsame Ehefrauen sind. Bereits 2009 berichtete der Telegraph, dass sich diese Art von Verbrechen von Jahr zu Jahr verdoppelt. [9]

Ist das die berühmte kulturelle Bereicherung? In der aktuellen Debatte wird die Kriminalitätsstatistik als notwendiges Opfer wegdiskutiert, etwas, das durch all das Gute aufgewogen wird, das Migranten mitbringen. Doch wenn wir alle Argumente weggenommen haben, die erklären würden, warum Migranten großartig sind, wie würden Sie dann dem Kriminalitätsargument begegnen? Die verlorenen Leben unschuldiger Menschen sind nicht etwas, das man auf eine Waage legen kann, sie wiegen sich nicht gegen die Vergrößerung unseres BIP auf.

Gruppenvergewaltigungen, die im Fernsehen übertragen werden und über die man lacht und scherzt. Grooming von Tausenden von Mädchen, bei dem ganze

Gemeinden darüber informiert sind, was vor sich geht. Frauen, Freunde, Familie, jeder nimmt an der Vergewaltigungskultur teil. Gewalt auf den Straßen. Die Bereitschaft, für einen terroristischen Staat zu kämpfen. Granaten. Erbarmungslose Tötungen, um ihre Ehre zu verteidigen. Gefeiertes Abschlachten derer, die ihre Religion beleidigen. Diese Kriminellen empfinden keine Scham für ihre Taten. Sie haben keinen Respekt vor ihren Opfern. Sie scheinen stolz auf ihre Taten zu sein..

"Die erste Aufgabe und höchste Verpflichtung der Regierung ist die öffentliche Sicherheit."

-Arnold Schwarzenegger

Quellen:

[1] https://www.dailymail.co.uk/news/article-6095121/Eight-10-stranger-rapes-Sweden-carried-migrants-study-reveals.html

[2] https://www.bbc.com/news/world-europe-38717186

[3] https://rmx.news/article/article/4-migrants-accused-of-gang-raping-a-woman-in-germany-reportedly-filmed-their-crime

[4] http://www.gatestoneinstitute.org/5195/sweden-rape

[5] https://www.nrk.no/norge/rekordmange-overfallsvoldtekter-1.6944861

[6] https://www.bbc.com/news/world-europe-45419466

[7]http://www.washingtonpost.com/wp-dyn/content/article/2008/04/28/AR2008042802560.html

[8] https://link.springer.com/article/10.1007/s12115-019-00436-8#Sec6

[9]
http://www.telegraph.co.uk/news/uknews/crime/6835482/Tulay-Goren-murder-honour-crimes-doubling-every-year-figures-show.html

[10] http://www.nationalreview.com/article/428146/more-than-few-islamic-extremists

10. DIE WÜRZE DES LEBENS

"Ich liebe Essen, alle Arten von Essen. Ich liebe koreanisches Essen, japanisches, italienisches, französisches. In Australien haben wir kein typisch australisches Essen, also haben wir Essen von überall auf der Welt. Wir sind sehr multikulturell, also sind wir mit vielen verschiedenen Arten von Essen aufgewachsen."

-Hugh Jackman

Das dümmste Argument, mit dem wir aufräumen müssen, ist die Vorstellung, dass Migranten zwangsläufig zum Land beitragen, indem sie kulturelle Vielfalt schaffen und neue Speisen einführen. Die Briten sind berüchtigt dafür, ihre eigene Küche zu hassen und die indischen Currys willkommen zu heißen.

Wenn wir davon ausgehen, dass unterschiedliche Küchen eine willkommene Ergänzung sind, dann kann man vielleicht sagen, dass dies tatsächlich ein Vorteil ist. Aber wie weit geht dieser Vorteil?

Wenn Sie eine Stadt mit hunderttausend Einwohnern

haben, dann mag es eine nette Ergänzung sein, ein indisches Restaurant zu haben. Aber was ist mit dem zehnten Restaurant? Was ist mit all den Indern, die in der Stadt leben und kein Restaurant eröffnen? Sollten wir Neuankömmlinge in die Städte lenken, die noch kein indisches Restaurant haben?

Könnten wir nicht einen Inder aufnehmen, der dann den Briten beibringen kann, ihr eigenes Curry nach indischem Rezept zuzubereiten? Könnten nicht ein paar britische Köche nach Indien reisen und dort die Rezepte lernen, bevor sie zurückkehren, um indische Restaurants zu eröffnen, die von den Briten selbst betrieben werden? Können Sie unterscheiden, ob das Essen von einem Inder oder von einem Briten zubereitet wurde? Würden Sie ein Curry-Restaurant nicht besuchen, wenn der Besitzer Chinese wäre?

Wenn es nur um das Essen geht, warum stellen wir dann nicht sicher, dass wir dasselbe für jedes Land der Erde tun? Dafür sorgen, dass es in London Essen aus Vietnam, Belgien, Griechenland, Uruguay und dem Senegal gibt? Wie vielfältig ist es denn, wenn neunzig Prozent der Gerichte zum Mitnehmen aus denselben indischen Currys bestehen? Wenn man bei "Just Eat" in London nach Takeaway sucht, dann ist die erste Empfehlung bei "beliebte Küchen" wenig überraschend "indisch". In einer multikulturellen Stadt wie Luton ist es schwer, ein Takeaway zu finden, das nicht indisch ist. Glauben Sie mir, ich habe es versucht. Ein Dutzend verschiedene Curry-Läden, aber null belgische Waffeln! Wenn die indische Küche alle anderen, einschließlich der einheimischen britischen Küche, verdrängt, wird sie dann insgesamt wirklich vielfältiger? Man mag sagen, dass sie immer noch zu bevorzugen ist, weil die britische Küche wirklich so schrecklich ist, aber das ist Geschmackssache. Die Frage war hier, ob sie dadurch vielfältiger wird oder nicht, und das scheint kaum der Fall zu sein.

Es ist fair, daraus zu schließen, dass die "exotischen Küchen" kein Argument für die Einwanderung sind, es ist einfach eine dumme Ausrede, um sie zu rechtfertigen und sich auf etwas zu konzentrieren, das als zufällige Folge der Migration als positiv angesehen werden könnte. Während des Zustroms von Migranten nach Europa im Jahr 2015 hat niemand behauptet, dass es gut war, weil Europa die Eigenheiten der syrischen Küche fehlten.

Das Problem ist aber nicht, dass es kein einziges Positiv an der Migration gibt; das Problem ist, dass die Nachteile die Vorteile überwiegen können. Es geht nicht darum, dass es in England keine indischen Currys geben sollte, sondern darum, dass es unehrlich ist, zu behaupten, dass England deshalb Millionen von Migranten aus Indien braucht.

Sicher, wir können zugeben, dass wohl ein paar exotische Restaurants eine willkommene Bereicherung für ein Land sind. Aber sollte das das Ziel sein, wenn man Masseneinwanderung in sein Land zulässt, sollte es das Ziel sein, die einheimische Küche zu ersetzen? Denn, offen gesagt, ist die Küche nicht das Einzige, was ersetzt wird. Und wenn wir uns einig sind, dass wir eine kulturelle Bereicherung in Form von zusätzlichen Küchen zum Ziel haben, sollten wir dann nicht strategische Maßnahmen ergreifen, um die größte Vielfalt zu gewährleisten und jede Art von Küche zu ermutigen, ein Restaurant zu eröffnen?

Außerdem halte ich es für wichtig, hier zu erwähnen, dass, wenn Sie tatsächlich auf der Suche nach exotischem Essen sind und das Gefühl haben, dass das Angebot in Ihrer Gegend fade ist und es Ihnen an kultureller Vielfalt mangelt, nichts dagegen spricht, entweder ein eigenes ethnisches Restaurant zu eröffnen oder die Gerichte einfach selbst zu kochen. Finden Sie ein Rezept online. Das Internet existiert, es gibt kein Geheimwissen. Oder reisen Sie ins Ausland, fragen Sie, wie es gemacht wird, und werden Sie Millionär, indem Sie die köstlichen exotischen Rezepte, die Sie entdeckt haben, importieren!

Ist das Essen wirklich ein "Profi"? Im Jahr 2016 veröffentlichte The Guardian einen Artikel, in dem die vier Restaurants mit der schlechtesten Hygiene im Vereinigten Königreich genannt wurden. Alle vier waren asiatisch; nur um hier für unsere nicht-britischen Leser klarzustellen, dass sich der Begriff "asiatisch", wenn er im Vereinigten Königreich ausgesprochen wird, auf Indien und Pakistan bezieht. Vielleicht können wir hieraus lernen, dass exotischer nicht unbedingt besser ist. [1]

Ein verwandter Artikel in The Guardian zeigte, dass indische Imbissbuden am häufigsten Kundenbeschwerden über die Lebensmittelhygiene erhalten. Sind all diese Menschen einfach nur rassistisch, weil sie solche Beschwerden vorbringen? Oder ist dies ein erstes Beispiel dafür, wie sich die Kultur auf unterschiedliche Hygienestandards auswirkt?

Vielleicht hat der Import der Kultur aus dem Land des "Delhi-Bauches" gewisse nicht so willkommene Nebeneffekte.

Für diejenigen unter Ihnen, die sich fragen, was Delhi-Bauch ist, ist es die Bezeichnung für die Tatsache, dass fast jeder Tourist in Indien irgendwann krank wird, wahrscheinlich durch eine Lebensmittelvergiftung, und am Ende zumindest für ein paar Tage während der Reise Durchfall hat. Auf Wikipedia werden Sie sehen, dass Delhi belly auf eine Seite über Reisedurchfall weiterleitet. Einige Reiseberater empfehlen sogar, ein paar zusätzliche Tage auf Ihrer Indienreise zu buchen, nur um diese Verzögerung in Ihren Plänen zu berücksichtigen.

Und als ob das nicht schon schlimm genug wäre, gibt es noch eine zusätzliche Horrorgeschichte. Charlene Dowes wurde im Alter von 14 Jahren vermisst. Um einen Artikel aus der Sun zu zitieren: "Die Leiche des Teenagers wurde nie gefunden und die Polizei glaubte, dass sie von Imbissbudenmitarbeitern zerhackt und als Kebab serviert worden war.

Das heißt, sie wurde wahrscheinlich zuerst 'groomed', ein schicker Euphemismus, um anzuzeigen, dass ein junges Mädchen durch Geschenke, Alkohol und Drogen angelockt wurde, wonach sie entführt, gefangen gehalten und als Sexsklavin benutzt und verkauft wurde. Danach wurde sie, so die Polizei, in Stücke geschnitten und losgeworden, indem man sie in Spieße mischte, die man an Kunden verkaufte. Dieses Beispiel ist natürlich extrem und konzentriert sich mehr auf das Verbrechen als auf das Essen, aber denken Sie darüber nach, wenn Sie das nächste Mal einen Kebab essen. [2]

Um den anfänglichen Punkt zu wiederholen: Es ist in

Ordnung, exotische Lebensmittel zu essen und ausländische Gerichte zu lieben. Die Sache ist die, dass das allein kein Grund sein kann, warum wir Millionen von Migranten aufnehmen müssen. Es ist bestenfalls ein willkommener Nebeneffekt, den man auch mit anderen Methoden hätte erreichen können, und damit wird es niemals ein Grund sein, die Migration zu fördern.

Außerdem wissen die Europäer, wie man kocht. Wer liebt nicht italienische Restaurants? Ein schickes französisches Lokal. Eine griechische Wurst. Eine deutsche Bratwurst. Ein paar belgische Waffeln. Holländischer Hering. Spanische Tapas. Das "Weiße können nicht kochen"-Mem ist ein furchtbarer Witz und völlig falsch. Und es wäre eine Schande, wenn all diese Gerichte für uns nicht mehr verfügbar wären. Denn das ist eine echte Vielfalt an Essen..

"Ich liebe italienisches Essen. Jede Art von Pasta oder Pizza. Mein neues Leibgericht ist indisches Essen. Ich esse etwa dreimal die Woche indisch. Es ist so gut."

-Jennifer Love Hewitt

Quellen:

[1] https://www.theguardian.com/world/2016/sep/23/filthy-conditions-mice-uk-worst-restaurants-food-hygiene

[2] https://www.thesun.co.uk/fabulous/8712315/my-teen-daughter-missing-16-years-ago-police-chopped-kebabs-silent-vigil-30th/

11. INTEGRATION: REALITÄT UND VORSTELLUNG

"Machen Sie einen Spaziergang auf der Straße und sehen Sie, wohin das führt. Sie haben nicht mehr das Gefühl, in Ihrem eigenen Land zu leben. Es ist ein Kampf im Gange und wir müssen uns verteidigen. Bevor Sie es merken, wird es mehr Moscheen als Kirchen geben!"

- Geert Wilders, Abgeordneter in den Niederlanden

Es herrscht der feste Glaube, dass sich die Neuankömmlinge zu gegebener Zeit in die Gesellschaft einfügen werden. Vielleicht wird die erste Generation der Migranten Schwierigkeiten haben, sich anzupassen, aber sicherlich werden die hier Geborenen die einheimische Kultur des Landes angenommen haben. Oder so würden wir annehmen.

Diese Idee der Assimilation widerspricht dem Traum von der Vielfalt völlig. Assimilation impliziert, dass die

Neuankömmlinge in der dominanten einheimischen Kultur aufgehen, wodurch sie ihre eigene Kultur (zumindest teilweise) aufgeben und höchstens eine neue Art von Hybridkultur schaffen, in der die Einheimischen einige Elemente der neu eingeführten Kultur akzeptieren. Eine moderne Version der griechisch-persischen Erschaffung der hellenischen Gesellschaft, bei der die griechische Armee von Alexander dem Großen persische Bräuche annahm, als sie das riesige Gebiet eroberte.

In der Fantasie würde diese erträumte Utopie so aussehen, dass pakistanische Einwanderer scharfes Essen nach England bringen, während sie ihre eigene Identität und Kultur komplett aufgeben und in der angelsächsisch-protestantischen Kultur aufgehen, um ihre Abende mit Pints von Cider im Pub zu verbringen.

Überraschenderweise geschah genau das überhaupt nicht. Die pakistanischen Migranten segregierten sich selbst in bestimmten Städten und Gegenden und bemühten sich, ihre Kultur über die Generationen hinweg zu erhalten. Die zweite und dritte Generation fühlt sich genauso pakistanisch oder manchmal sogar mehr, als ihre Eltern und Großeltern. Sie schauen nicht zu den Briten auf.

Dieses Konzept der Integration ist entscheidend für das Verständnis der multikulturellen Gesellschaft. Integration impliziert Assimilation. Es impliziert eine Zukunft, in der der Einwanderer und der Einheimische nicht mehr voneinander zu unterscheiden sind, d.h. in der eine vollständige Assimilation erreicht ist.

Sie sprechen das Gleiche, haben die gleichen Werte, tragen die gleiche Kleidung. Am wichtigsten ist, dass sie sich als Teil der gleichen Gruppe fühlen. Es ist das Gefühl der Zugehörigkeit zur Gruppe, dass sie dann dazu veranlasst, das Gleiche zu reden, sich gleich zu kleiden und die gleichen Werte zu haben. Dieses Gefühl der Zugehörigkeit ist sehr abstrakt, aber jeder kann es erkennen.

Passiert eine solche Integration und Assimilation überhaupt? Sicher, es kann passieren. Viele Hugenotten flohen aus dem katholischen Frankreich und gingen in die Niederlande, die ihren calvinistischen Glauben teilten. Um 1700 waren etwa sechs Prozent aller Einwohner von Amsterdam ursprünglich Franzosen. Schnell integrierten sich diese Familien in die niederländische Gesellschaft. Ihre Kinder sprachen Niederländisch. Sie vermischten sich mit den Niederländern. Sie wurden ununterscheidbar, abgesehen von ihren französischen Nachnamen. Kulturell fühlten sie sich bald mehr als Niederländer denn als Franzosen. Ein ähnlicher Prozess fand in den Vereinigten Staaten statt, wo die WASP-Kultur dominierte.

Diese weißen angelsächsischen Protestanten erlebten die Ankunft von Katholiken aus Irland und sowohl Protestanten als auch Katholiken aus Deutschland. Die Iren hatten den falschen Glauben und die Deutschen sprachen obendrein die falsche Sprache. Trotzdem vermischten sich diese Gruppen. Heutzutage mögen sich die weißen Amerikaner auf ihre Wurzeln und ihr Erbe berufen, aber die meisten weißen Amerikaner sind ohnehin eine Mischung aus mehreren europäischen Ethnien. Sie sind nicht mehr in erster Linie stolz auf ihre Herkunft; sie sind stolz darauf, Amerikaner zu sein.

Ein Amerikaner mit englischen Wurzeln und ein Amerikaner mit deutschen Wurzeln werden feststellen, dass sie mehr miteinander gemeinsam haben, als ein Deutscher und ein Engländer. Das ist erfolgreiche Integration, sie sind vollständig assimiliert. Sie sind so assimiliert, dass viele dieser Amerikaner mit deutschen Wurzeln tatsächlich im Ersten und Zweiten Weltkrieg gegen Deutschland in den Krieg gezogen sind.

Die Römer eroberten die anderen italischen Stämme, gaben ihnen das römische Bürgerrecht und sie verschmolzen zu einer einzigen Einheit mit ununterscheidbarer Kultur, Sprache und Bräuchen. Die Römer drängten die eroberten Völker oft dazu, römische Sitten und Gebräuche anzunehmen, da sie wussten, dass die Assimilation das Imperium stärken würde.

Die kleinteiligen Königreiche Englands wurden von Alfred dem Großen zusammengeführt und es entstand eine einzige englische Einheit. Frankreich tat das Gleiche und vereinigte die Nation.

Die Belgier scheiterten, wo die Unterschiede zwischen den Flamen und Wallonen noch immer ein Grund für Reibereien sind, fast zwei Jahrhunderte nach der Entstehung des Staates. Eine unterschiedliche Sprache und Kultur, kombiniert mit wirtschaftlichen Faktoren, treiben die Belgier zu gegenseitiger Abneigung.

Was hat diese Integration in einigen Beispielen so

erfolgreich gemacht? Es gibt ein paar gemeinsame Themen. Erstens müssen der Migrant und der Einheimische etwas gemeinsam haben. Im Beispiel der Niederlande waren sie beide Calvinisten. Das war in dieser Zeit des hitzigen Kampfes zwischen dem katholischen und dem protestantischen Europa von großer Bedeutung. Der Feind meines Feindes ist mein Freund. Auch wenn es Franzosen sind.

Zweitens: Der Migrant muss zur Kultur des Gastlandes aufschauen. Die Franzosen bewunderten die protestantisch-calvinistische Kultur der Niederländer. Die Deutschen bewunderten die wirtschaftlichen Möglichkeiten und die Freiheit der Vereinigten Staaten. Sie kamen nicht, um die Niederlande zu Frankreich zu machen und sie kamen nicht, um die Vereinigten Staaten zu Deutschland zu machen. Ganz und gar nicht!

Der einzige Grund, warum sie auswanderten, war ihre Unzufriedenheit mit ihrem Geburtsland. Sie wollten vielleicht einige persönliche Bräuche und Gewohnheiten aus ihrem Geburtsland beibehalten, aber auf nationaler Ebene bevorzugten sie definitiv ihren neuen Gastgeber.

Drittens durften die Unterschiede nicht zu groß sein. Die Iren sprachen bereits Englisch. Die Hugenotten waren bereits Calvinisten. Die Deutschen sind nicht allzu weit von den Engländern entfernt. Optisch ist es sehr schwer zu erkennen, ob jemand ursprünglich aus England oder aus Deutschland kommt. England ist nach dem germanischen Stamm der Anglos benannt, der zusammen mit den Sachsen um die Zeit des Zusammenbruchs des Römischen Reiches in England siedelte. Im Gegensatz dazu ist es für die meisten Menschen recht einfach, einen Japaner und einen Belgier zu unterscheiden.

Der erste und der dritte Punkt sind ähnlich, aber der erste Punkt besagt, dass es Gemeinsamkeiten geben muss, während der dritte Punkt besagt, dass selbst wenn es irgendwo Gemeinsamkeiten gibt, die Unterschiede nicht allzu groß sein dürfen.

Ein Algerier kann Französisch sprechen und das würde die Integration in Frankreich erleichtern, aber der Unterschied zwischen Islam und Christentum blockiert die Integration.

Bei Punkt eins geht es um das Vorhandensein eines "Ermöglichers", während sich Punkt drei auf das Fehlen eines "Blockers" konzentriert. Der zweite Punkt ist das, was den Migranten dazu antreibt, sich um die Integration zu bemühen, während die anderen Punkte dazu da sind, sicherzustellen, dass die einheimische Bevölkerung offen und aufnahmebereit ist.

Um es also zu wiederholen. Erstens: Es muss einen verbindenden Faktor geben. Zweitens, das Gastland muss als überlegen anerkannt werden. Drittens, die Unterschiede müssen begrenzt sein. Vereinigung, Überlegenheit, Ähnlichkeit.

Haben wir Beispiele, wo das schief gegangen ist? Wo die Integration einfach nicht geklappt hat? Ja, die gibt es. Gruppen wie die Roma-Zigeuner haben es nie geschafft, sich zu integrieren, auch nicht nach mehr als einem Jahrtausend, das sie in Europa leben. Die türkische Bevölkerung scheint bisher einen sehr ähnlichen Weg zu gehen.

Die Roma-Zigeuner, auch bekannt als die Sinti. Lassen Sie uns zuerst den Namen klären, ich bin mir bewusst, dass 'Zigeuner' ein fragwürdiger Begriff geworden ist. Sie als "Roma" zu bezeichnen, ist hingegen unaufrichtig gegenüber den Rumänen. Die Rumänen sind nicht alle Sinti, die Mehrheit von ihnen ist es nicht. Sie sind nicht begeistert, dass ihr Land immer mit ihrer Sinti-Minderheit in Verbindung gebracht wird.

Der Begriff "Zigeuner" hat seinen Ursprung als Abkürzung von "Ägypter". Von dort glaubten die Engländer der Renaissance, dass sie herkommen. Im deutschsprachigen Europa nennen sie sich 'Sinti' und das ist der Begriff, den wir hier verwenden werden.

Die Sinti kamen im sechsten Jahrhundert nach Christus, kurz nach dem Zusammenbruch des Weströmischen Reiches, nach Europa. Ihre Wurzeln lagen, wie die moderne DNA-Forschung belegt, im Nordwesten Indiens. Anfangs glaubten die Europäer, sie kämen aus Ägypten. Dieser Glaube führte dazu, dass sie im Englischen als gypsies, im Spanischen als Gitano und im restlichen Europa mit ähnlichen Namen bezeichnet wurden. Die Ungarn bezeichnen sie als fáreónépe, was von dem Wort Pharao abgeleitet ist. Die Franzosen bezeichnen sie als Bohemien, eine Anspielung auf das Königreich Böhmen, das heutige Tschechisch. Sie jetzt Roma zu nennen, ist genauso falsch wie sie Ägypter zu nennen. Sie sind weder aus Ägypten noch aus Rumänien.

Um das 11. Jahrhundert verbreiteten sich die Sinti weiter über Europa. Große Sinti-Populationen ließen sich in Italien, Frankreich und Spanien nieder. Einige Gruppen zogen in das Vereinigte Königreich und nach Irland. Ihre Ausbreitung über den Kontinent wurde durch ihr Nomadendasein erleichtert.

Heutzutage sind viele Sinti sesshaft geworden. Doch auch heute noch leben viele von ihnen eher in Wohnwagen als in regulären Häusern. Das Einzige, was sich geändert hat, ist, dass die Wohnwagen statt eines Pferdegespanns nun eher stationär sind.

Die europäischen Länder Rumänien, Bulgarien und Ungarn waren die ersten, in denen sich Sinti niederließen. Können wir jetzt, 1500 Jahre nach ihrer Ankunft, feststellen, dass sie sich erfolgreich integriert haben? Sicherlich würden wir erwarten, dass, wenn die Integration erfolgreich ist und zu einer Assimilation und einer Verschmelzung der Kulturen führt, wir sehen würden, dass die Sinti vollständig in der allgemeinen Bevölkerung aufgegangen sind und nicht länger eine unterscheidbare Gruppe darstellen.

Seltsamerweise könnte die Wahrheit nicht weiter entfernt sein. Die Sinti sind nach wie vor eine segregierte Gruppe und es findet nur eine begrenzte Assimilation statt. In all diesen Ländern gibt es weiterhin leicht unterscheidbare Minderheitengruppen. Außerdem gibt es weiterhin Streit zwischen der Sinti-Minderheit und der ungarischen, bulgarischen oder rumänischen Mehrheit.

Es gab nie einen verbindenden Faktor zwischen Sinti und ihren Gastgebern. Kein gemeinsamer Feind, der sie zusammenschweißt, nichts. Die Sinti waren immer ein Staat im Staat, ohne Loyalität gegenüber der Regierung oder der lokalen Bevölkerung. Ein 'Gitano' fühlt sich eher mit einem 'Zigeuner' in einem anderen Land verbunden, als mit den Menschen des Landes, in dem er lebt.

Die Sinti erkannten ihr Gastland nicht als überlegen an. Sie bevorzugten ihre eigene Kultur und ihre Gewohnheiten und vermieden aktiv die Assimilation durch das Gastland. Sie zogen es vor, ihre eigene kulturelle Identität zu bewahren und das ist ihnen seit über 1500 Jahren gelungen. Natürlich spielt dabei auch der Wunsch der Einheimischen eine Rolle, sich nicht mit den Sinti zu vermischen, aber diese Ausgrenzung sollte nicht als einseitig betrachtet werden.

Es gibt eine klare genetische Unähnlichkeit. Selbst nach all der Zeit ist es leicht, den Rumänen vom Sinti zu unterscheiden. Der eine hat helle Haut und sieht europäisch aus, der andere hat dunkle Haut und sieht indisch aus. Dies führt tatsächlich zu Verwirrung, wenn indische und pakistanische Migranten in diesem Teil Europas ankommen, da es schwierig ist, zu unterscheiden, ob es sich um einen Einwanderer oder einen Sinti handelt, der dort geboren und aufgewachsen ist. Es ist nicht ungewöhnlich, dass bei Migranten, die aus Pakistan kommen, angenommen wird, sie seien "Zigeuner".

Das Beispiel der Sinti zeigt uns, dass die Zeit nicht alle Wunden heilt. Mehr als ein Jahrtausend ist vergangen und das Problem bleibt ungelöst. Es scheint kaum Fortschritte gegeben zu haben, da Sinti und andere dazu neigen, einander zu meiden, sich nicht zu vermischen und ihre getrennten Kulturen zu behalten. Die EU sucht immer noch nach Möglichkeiten, die Integration der "Roma" zu unterstützen, was bei erfolgreicher Integration reine Zeitverschwendung wäre. [1]

Wer kann sagen, dass das nicht auch mit den neu ankommenden Einwanderergruppen, die sich im Westen niederlassen, passieren wird? Man kann nicht den Rassismus beschuldigen, wenn die Migrantengruppe kein Interesse hat, sich zu assimilieren. Alle modernen Theorien besagen, dass sich die Gruppen, wenn sie lange genug zusammenleben, schließlich vermischen und miteinander verschmelzen werden. Unsere kleine Fallstudie der Romani, Sinti oder Zigeuner, beweist, dass dies ein Mythos ist. Die Zeit heilt nicht alle Wunden.

Wir können die Türken mit den Sinti vergleichen. Jahrhundertelang versuchten die Türken nach Europa vorzudringen. Auf dem Höhepunkt belagerte das Osmanische Reich Wien und mit Wien wäre das gesamte österreichisch-ungarische Reich zusammengebrochen und in die Hände der Osmanen gefallen. Danach würde der Rest Europas dieser Supermacht weit offen liegen. Zum Unglück für die Osmanen kam der polnische König Sobieski mit seinen geflügelten Husaren und verjagte die türkischen Truppen.

Einige Jahrhunderte später beschlossen die schlauen Niederländer und Deutschen, die Türken trotzdem rüberkommen zu lassen. Es bleibt ein beunruhigender

Sinneswandel, wie wir von der Abwehr der Invasoren dazu übergingen, Migranten willkommen zu heißen, da die gesamte Menschheit aus Gleichen besteht. (Auch hier ist es erwähnenswert, dass Deutschland von den Vereinigten Staaten zu dieser Aktion gezwungen wurde. Für die Niederländer ist der Grund unklar. Vielleicht haben sie, wie immer, einfach die Deutschen kopiert.)

Die Türkei selbst ist übrigens nicht so sehr auf Integration erpicht. Nach dem Zusammenbruch des Osmanischen Reiches wurde sie vom Reich zur Nation. Was war das erste, was sie tat? Sie vertrieb die armenische Minderheit, zwang sie zu marschieren, wobei viele umkamen.

The Promise, ein Film mit Christian Bale, ist eine schöne, aber auch traurige Darstellung des schrecklichen Völkermords an den Armeniern. Ein Völkermord, der von der heutigen türkischen Regierung bis heute als Verbrechen gegen die Menschlichkeit geleugnet wird.

Die damalige türkische Regierung hat nicht nur die Armenier vertrieben. Auch griechische und andere Minderheiten wurden vertrieben, da die Türken befürchteten, diese Gruppen würden sich gegen die türkische Herrschaft auflehnen. Sie fürchteten, dass diese Gruppen ihr Schicksal selbst bestimmen wollten, anstatt sich der türkischen Herrschaft zu unterwerfen.

Ist es das, was in Westfalen passieren wird, wenn die Türken bei einer kommenden Wahl die Macht übernehmen? Die Osmanen haben nicht den Ruf der Freundlichkeit. Stattdessen haben sie einen Ruf für Sklaverei, der ignoriert wird. Die Osmanen und ihre Verbündeten, die Barbary-Staaten, versklavten die Europäer bis ins 19. Jahrhundert.

Die Plünderung europäischer Städte nach Sklaven, der Ursprung des Wortes "razzia", endete erst mit der europäischen Kolonialisierung der nordafrikanischen Küste. Im Osmanischen Reich wurde die Sklaverei erst mit der Machtübernahme durch Kemal Atatürk abgeschafft, aber da waren wir schon im 20. Wenn wir über Vergewaltigungskultur sprechen wollen, sollten wir dann nicht über die Menschen sprechen, die es vor weniger als einem Jahrhundert für normal hielten, einen Harem mit Sklavinnen zu füllen?

"Eines Tages werden Millionen von Männern die südliche Hemisphäre verlassen, um auf die nördliche Hemisphäre zu gehen. Und sie werden nicht als Freunde dorthin gehen. Denn sie werden dorthin gehen, um sie zu erobern. Und sie werden sie mit ihren Söhnen erobern. Die Gebärmütter unserer Frauen werden uns den Sieg geben", sagte der algerische Führer Houari Boumediene 1974 vor der UNO. Auch der türkische Führer Erdogan erklärte: "Ich rufe meinen Bürgern zu, meinen Brüdern und Schwestern in Europa! Habt nicht nur drei, sondern fünf Kinder! Der Ort, an dem ihr lebt und arbeitet, ist jetzt euer Heimatland und euer neues Mutterland. Eröffnen Sie mehr Geschäfte, melden Sie Ihre Kinder in besseren Schulen an, sorgen Sie dafür, dass Ihre Familie in besseren Vierteln wohnt, die besten Autos fährt und in den schönsten Häusern wohnt. Denn Sie sind die Zukunft von Europa. Das ist die beste Antwort auf die Pöbeleien, Anfeindungen und Ungerechtigkeiten, die gegen euch gerichtet sind."

Das deckt sich mit einer Rede des verstorbenen libyschen Diktators Gaddafi, der sagte: "Der Islam wird Europa erobern, ohne einen Schuss abzufeuern." Wir sehen also, dass sich die europäische Denkweise geändert hat, aber die türkische scheint immer noch in den Kategorien von Eroberung und Ausbeutung zu denken. Erobern sie Europa mit einer domestizierten Bevölkerung von verblendeten und abgelenkten Europäern? Ist dies eine Denkweise, die offen ist für Integration und Assimilation in das Gastland?

"Die Einwanderung ist eine organisierte Verdrängung unserer Bevölkerung. Das bedroht unser Überleben. Wir haben nicht die Mittel, um diejenigen zu integrieren, die bereits hier sind. Das Ergebnis ist ein endloser kultureller Konflikt."

- Marine Le Pen, Abgeordnete in Frankreich

Diese erste Generation von Türken sprach weder die niederländische noch die deutsche Sprache besonders gut. Niemand schien sich daran zu stören, denn die Medien und Politiker belogen die Menschen. Sie versicherten ihnen, dass diese Gastarbeiter wieder nach Hause gehen würden. Als klar wurde, dass sie da waren, um zu bleiben, änderte sich das Argument. Es verwandelte sich in die Idee, dass, obwohl diese Türken sich nicht integriert hatten, ihre Kinder sich sicherlich sehr gut integrieren würden. Kinder, die in den Niederlanden geboren und aufgewachsen sind, die auf niederländische Schulen gehen, die mit niederländischen Kindern spielen. Die Integration wird eine natürliche Folge davon sein, man muss nur warten.

Nun, die Niederländer warteten und warteten. Die Türken haben sich nicht integriert. Die Türken würden in ihren eigenen Vierteln leben. Die Türken würden ihre eigenen Geschäfte haben. Sie würden ihre eigene Sprache sprechen. Junge Türken lehnten die Integration in die niederländische Gesellschaft mehr ab als ihre Eltern und Großeltern.

Die Türken teilten mit den Niederländern keinen verbindenden Faktor. Sie kamen wegen des Geldes, schlicht und einfach. Sie waren die am wenigsten gebildeten Türken aus den östlichen Bergregionen Anatoliens. Die Aufklärung hatte sie völlig verschlafen. Ihre Religion war der Islam, nicht der christliche Calvinismus. Und da sie strenge Muslime waren, hatten sie kein Verständnis für den christlichen Glauben. Auch nicht für den Individualismus, die Toleranz und den Hedonismus.

Die niederländische Gesellschaft beeindruckte die Türken nicht. Viele der niederländischen Werte der Aufklärung und des Protestantismus waren den Türken fremd und verachtenswert. Es gab einen kulturellen Zusammenprall, statt einer Synergie. Sie wollten nicht in diese degenerierte Lebensweise assimiliert werden; sie zogen es vor, ihre Traditionen und Bräuche zu bewahren. Ihre eigenen Werte.

Es gab auch wenig Interesse daran, neue Familienbande zwischen den Niederländern und den Türken zu knüpfen. Die türkischen Familien zogen es vor, ihre Söhne und Töchter mit anderen Türken, anderen Muslimen, verheiraten zu lassen. Interkulturelle Eheschließungen fanden zwar statt, waren aber eine Minderheit. Aufgrund dessen gibt es weiterhin ein deutlich unterscheidbares türkisches Element in der Gesellschaft.

Die Türken haben sogar ihre eigene Erdogan-freundliche politische Partei gegründet, die ab 2017 zwei von 150 Sitzen im niederländischen Parlament einnimmt. Die politische Landschaft wird sich stark verändern, wenn andere Gruppen von Einwanderern anfangen, das Gleiche zu tun. In diesem Sinne hat Erdogan Recht, dass sie über die Gebärmütter ihrer Frauen Europa erobern können. So funktioniert eine Demokratie; das größte demographische Element hat die Macht. Und die europäischen Türken sind Erdogan gegenüber sehr loyal. [2]

Das kann zu Problemen führen. Als der französische Präsident Macron die Ermordung/Exekution von Samuel Paty (der französische Lehrer, der getötet wurde, weil er ein Bild des Propheten Mohammed zeigte) als einen Akt des islamischen Terrorismus bezeichnete, wurde Erdogan wütend und rief zum Boykott französischer Produkte auf. Wenn eine Situation eskaliert, wo bleibt dann die Loyalität der Millionen von Türken in Europa?

Warum ist Integration so wichtig? Nun, immer noch glaubt ein hoher Prozentsatz der Muslime in Großbritannien (15 %), Frankreich (16 %) und Spanien (16 %), dass Selbstmordattentate gegen zivile Ziele zur Verteidigung des Islams gerechtfertigt sein können. In Nigeria liegt dieser Prozentsatz bei 46%. Diese Prozentsätze sind diejenigen, die sagen, dass sie solche Bombenanschläge oft oder manchmal für gerechtfertigt halten.

Wenn wir diejenigen einbeziehen, die glauben, dass Selbstmordattentate "selten" gerechtfertigt sind, verdoppelt sich der Prozentsatz. Und, offen gesagt, wer bei klarem Verstand würde sagen, dass Selbstmordattentate gegen Zivilisten jemals gerechtfertigt sein können? Man kann mit Fug und Recht behaupten, dass die meisten Menschen sich wünschen, in einem Land zu leben, in dem Selbstmordattentate nicht als Teil des Lebens in einer Großstadt akzeptiert werden.

Überraschenderweise steigen diese Prozentsätze, wenn man nach den jüngeren Muslimen filtert, was darauf hindeutet, dass die jüngeren Generationen keineswegs besser integriert sind als ihre Eltern. Ich finde es besorgniserregend, im selben Land zu leben wie Menschen, die glauben, dass es irgendwelche Umstände gibt, die einen Terroranschlag auf Zivilisten rechtfertigen. Noch beunruhigender finde ich, dass sich diese Überzeugungen in den neueren, vermeintlich besser integrierten Generationen, die in Europa geboren und aufgewachsen sind, nur noch verstärken.[3]

Aber, wenn Sie im Iran leben würden, würden Sie Ihre Kinder mit iranischen Werten erziehen? Würden Sie sie dazu erziehen, Homosexuelle zu hassen und ihre Hinrichtung zu dulden? Würden Sie sie als Muslime erziehen? Würden Sie sie dazu erziehen, Israel zu hassen und den Holocaust zu leugnen? Wahrscheinlich nicht, denn Sie respektieren die iranischen Überzeugungen, Werte und Sichtweisen nicht. Ihre Kinder werden sich also nicht mehr in den Iran integrieren, sie werden sich vielleicht sogar noch mehr vor ihm ekeln. Das Gleiche passiert mit den Muslimen im Westen. Sie schauen auf unsere Dekadenz, Freiheiten und Toleranz herab.

Vielleicht sind wir auch kein Fan von Cousin-Ehen. Doch in einem BBC-Artikel aus dem Jahr 2005 heißt es, dass etwa 55 % aller im Vereinigten Königreich lebenden Pakistani tatsächlich einen Cousin ersten Grades geheiratet haben. Da ich selbst in Großbritannien gelebt habe, habe ich viele Pakistaner getroffen, die zugaben, dass ihre Frau ihre Cousine war. Meistens versuchten diese Männer, ihre Frauen mit einem europäischen Mädchen zu betrügen. Ich kenne ein ungarisches Mädchen, dass von einem pakistanischen Mann geschwängert wurde. Er hatte ihr versprochen, seine Frau für sie zu verlassen, es sei eine arrangierte Ehe gewesen und er mochte seine Frau nicht, so sagte er. Er hat seine Frau nie verlassen und das ungarische Mädchen wurde eine alleinerziehende Mutter.

Ich kenne auch ein pakistanisches Mädchen aus der Kaschmir-Region, dass gezwungen wurde, einen Cousin aus dem Heimatland zu heiraten, den sie nie kennengelernt hatte und der durch diese Heirat einen britischen Pass bekommen sollte. Sie war nicht begeistert, wurde aber in dem Glauben erzogen, dass dies ihre Pflicht sei. Das war überraschend, da sie nicht einmal ein Kopftuch trug und ein ziemlich intelligentes Mädchen war. Dennoch fühlte sie eine starke Loyalität gegenüber ihrer Familie und akzeptierte ihr Schicksal.

Eine solche Inzucht bringt jedoch genetische Krankheiten mit sich, bei denen die Pakistani stark überrepräsentiert sind.

Das bringt natürlich Kosten für das Gesundheitssystem mit sich. [4]

Vielleicht gefällt Ihnen das europäische Gerichtssystem, so unvollkommen es auch ist und Sie ziehen es den Scharia-Gerichten vor? Scharia-Gerichte werden oft ignoriert, aber es gibt definitiv immer mehr davon in europäischen Städten. Ich glaube nicht, dass unsere Gesetze perfekt sind oder dass unser Rechtssystem perfekt ist, aber ich bevorzuge es stark im Vergleich zur Scharia. [5]

Und warum sollte es keine Scharia-Gerichte geben, wenn große Gruppen von Muslimen die Scharia unterstützen? Einer von drei Muslimen würde lieber unter der Scharia leben, als unter britischem Recht. Jeder vierte Muslim verteidigt den Terroranschlag vom 7.7. in London, als Strafe für die Unterstützung Großbritanniens im Krieg gegen den Terror. Gut 28% wünschen sich, dass das Vereinigte Königreich ein islamischer Staat wird, wobei jeder dritte Muslim das Vereinigte Königreich für einen unmoralischen Staat hält, der sein Ende verdient und sie sollten dabei helfen, dies zu erreichen. [6]

Wenn es um die Meinungsfreiheit geht, haben Muslime sogar noch weniger Interesse daran, diesen Wert aufrechtzuerhalten. Mehr als drei von vier halten es für unangemessen und glauben, dass es bestraft werden sollte, wenn jemand den Propheten Muhammed zeichnet. Zwei von drei glauben, dass es illegal sein sollte, ihre Religion zu beleidigen. Für eine Mehrheit der Muslime endet die Redefreiheit dort, wo ihre Religion beginnt. Solche Überzeugungen erklären die Anschläge auf Charlie Hebdo

(7. Jan. 2015). Und sie erklären die Enthauptung, die sich diese Woche in Frankreich ereignete, wo ein Lehrer getötet und sein Kopf abgetrennt wurde, weil er in seinem Klassenzimmer ein Bild des Propheten Mohammed zeigte. Sollten wir sagen, dass es ein kaltblütiger Mord war? Ich bin mir nicht sicher, denn es scheint, dass der Mörder nicht kaltblütig war, sondern wütend und erzürnt über diese schwere Beleidigung des Islam.

Douglas Murray hat in seinem kurzen Buch "Islamophilie" bereits ein Werk über unsere Einstellung zum Islam geschrieben. Er erklärt, dass wir uns alle nach hinten beugen, aus Angst vor den Konsequenzen, die folgen werden, wenn wir den Islam kritisieren. Das Christentum ist fair, man kann sagen, was man will. Aber wenn man die Muslime erzürnt, muss man plötzlich um sein Leben fürchten oder untertauchen.

Er wiederholte den gleichen Punkt in einem Gespräch, dass ich mit ihm hatte, in dem ich die Sorge äußerte, dass das mangelnde Interesse an Fällen von Kindergrooming auf Klassenunterschiede zurückzuführen sei. Er widerlegte dies und sagte, dass die Islamophilie ein breiteres Symptom der modernen Gesellschaft sei. Eine interessante Theorie, vorgetragen von einem interessanten Mann.

Die Kinder von Migranten in Norwegen haben eine fast doppelt so hohe Wahrscheinlichkeit, ein Verbrechen zu begehen, wie ihre Eltern. [7]

Alles in allem scheint es, dass der bloße Aufenthalt in einem anderen Land oder sogar die Tatsache, dort geboren zu sein, nicht automatisch bedeutet, dass man sich integriert. Es bedeutet auch nicht, dass sich Ihre Kinder oder Enkelkinder integrieren werden. Die Romani oder Sinti zeigen uns, dass auch nach vielen Jahrhunderten die Probleme nicht gelöst sein können. Wer kann sagen, dass es bei der Gemeinschaft der europäischen Muslime anders sein wird? Geschichte neigt dazu, sich zu wiederholen.

Die Integration wird weiterhin schwierig sein, wenn 18 % der britischen Muslime der Meinung sind, dass sie bereits zu viel aufgegeben haben, um sich in die britische Gesellschaft zu integrieren. Weitere 10 % der britischen Studenten glauben, dass es für sie keine Notwendigkeit gibt, es der Polizei zu melden, wenn sie wissen, dass jemand einen Terroranschlag vorbereitet. [8] [9]

Es ist an der Zeit, dass wir akzeptieren, dass die Integration gescheitert ist und weiterhin scheitern wird. Es gibt gegensätzliche Überzeugungen, Weltanschauungen, Werte, Kulturen, und keine Seite will die ihre aufgeben, um in der anderen aufgehen zu können. Angela Merkel hat selbst zugegeben, dass der Multikulturalismus in Deutschland gescheitert ist, dennoch besteht sie darauf, dass wir mit neuen Integrationsbemühungen alle Probleme lösen können. Das ist entweder wahnsinnig naiv oder vorsätzlich böse. Wir müssen uns von dieser Illusion verabschieden. Integration zwischen Gruppen, die so gegensätzlich sind, wird nur in unserer Vorstellung stattfinden. Wir mögen davon träumen, aber in der Zwischenzeit verwandelt sich unsere Realität langsam in einen Albtraum.

"Die Behauptung, der Islam sei eine Religion des Friedens, ist eine Nettigkeit, die von westlichen Politikern erfunden wurde, um entweder ihre muslimischen Bevölkerungen nicht zu beleidigen oder sich einfach selbst zu belügen, dass alles noch gut werden könnte. Tatsächlich ist der Islam seit seinen Anfängen ziemlich gewalttätig gewesen."

-Douglas Murray

Quellen:

[1]
https://www.aljazeera.com/opinions/2011/12/29/european-shame-over-the-roma-question/

[2] https://more.bham.ac.uk/euro-islam/2016/10/17/old-question-loyalty-german-turks-relationship-erdogan/

[3] http://www.pewresearch.org/files/old-assets/pdf/muslim-americans.pdf

[4]
http://news.bbc.co.uk/2/hi/programmes/newsnight/4442010.stm

[5]
http://www.civitas.org.uk/pdf/ShariaLawOrOneLawForAll.pdf

[6] http://www.cbsnews.com/news/many-british-muslims-put-islam-first/

[7]
https://www.ssb.no/a/publikasjoner/pdf/rapp_201121/rapp_201121.pdf

[8] http://www.fosis.org.uk/sac/FullReport.pdf

[9] http://image.guardian.co.uk/sys-files/Politics/documents/2005/07/26/Muslim-Poll.pdf#page=20

12. EINE GROßE GLÜCKLICHE FAMILIE

"Migration ist ein Ausdruck des menschlichen Strebens nach Würde, Sicherheit und einer besseren Zukunft. Sie ist Teil des sozialen Gefüges, Teil unseres Wesens als Menschheitsfamilie."

- Ban Ki-Moon, Generalsekretär der Vereinten Nationen

Eine verbreitete Idee unter den Befürwortern der Migration ist, dass die menschliche Rasse eine große glückliche Familie ist. Wir sind alle Brüder und Schwestern und deshalb sollten die Grenzen geöffnet werden. Wir leben alle glücklich und in Harmonie zusammen. Die Realität zeigt uns ein anderes Bild.

Außerdem heißen Sie Ihre Familienmitglieder immer willkommen, wenn sie an Ihre Tür klopfen? Sogar die entfernten Cousins und Cousinen? Auch wenn sie sagen, dass sie ihren Job verloren haben, aus ihrer Wohnung rausgeschmissen wurden und bei Ihnen pennen wollen? In Ihrem Haus, für das Sie hart gearbeitet, gespart und große Schulden auf sich genommen haben. Sind Sie aufgeregt darüber, ein Zimmer in Ihrem Haus an Ihre entfernte Cousine abzugeben, die Sie nie mochten? Ein Zimmer, dass Sie als Babyzimmer für das Kind, dass im Bauch Ihrer Frau wächst, einrichten wollten.

Nun ich schätze, die Kinder werden sich ein Zimmer teilen müssen, um Platz für die Cousine zu schaffen, richtig? Und ich bin sicher, dass es in Ordnung ist, wenn er für den Rest seines Lebens in der Nähe bleibt und auch den Rest seiner Familie in Ihr Haus einlädt, obwohl keiner von ihnen scharf darauf ist, die von Ihnen aufgestellten Regeln zu befolgen und jetzt liegt überall in der Spüle schmutziges Geschirr herum.

Die Welt ist nicht eine große glückliche Familie. Der Nahe Osten und Afrika befinden sich seit Jahrzehnten fast ständig im Krieg. Eine häufig angeführte Ursache ist, dass die Europäer die Grenzen falsch gesetzt haben und dadurch diejenigen, die nicht miteinander auskamen, in ein und dasselbe Land gesteckt haben, was zu internen Streitigkeiten und Konflikten führte.

Es ist das berüchtigte Sykes-Picot-Abkommen, das nach dem Zusammenbruch des Osmanischen Reiches, die zuvor osmanischen Gebiete aufteilte. Ein Jahrhundert später wird dieses Abkommen häufig für die Unruhen an Orten wie Syrien und Irak verantwortlich gemacht.

Ein Beispiel ist, wie bereits erwähnt, der Irak, wo sich sunnitische und schiitische Muslime das gleiche Land teilen. Die Tatsache, dass sie gezwungen sind innerhalb der gleichen Grenzen zusammenzuleben, wird oft als Entschuldigung für die ausbrechende sektiererische Gewalt angeführt. Die Schuld liegt bei den Europäern, die diese entfernten Cousins zwingen, ein Haus zu teilen. Die Schuld liegt nicht bei den gewalttätigen Überzeugungen dieser Gruppen, sie ist nicht kulturell bedingt, sie ist allein die Schuld von Sykes-Picot.

Die Juden in Israel und die Palästinenser, die kein anerkanntes Heimatland haben, gehen sich ständig gegenseitig an die Gurgel. Sie streiten um die Religion und darum, wer das Recht auf das Land hat.

Die Uiguren im westlichsten Teil Chinas werden von der chinesischen Regierung unterdrückt und in Umerziehungslager geschickt, während sie für ihre Unabhängigkeit kämpfen.

Nach dem Ende der Sowjetunion zerbrechen viele kleine unabhängige Länder und feiern die Freiheit von ihren sowjetischen Unterdrückern.

Der 1. Weltkrieg wurde von einem serbischen Nationalisten begonnen, der sein Volk von dem repressiven Österreich-Ungarn befreien wollte, dass über einen Teil des Balkans herrschte. Am Ende des Krieges entstanden viele Nationalstaaten, die es vorher nicht gab und deren Grenzen so weit wie möglich mit der ethnischen Zugehörigkeit der Menschen übereinstimmten.

Die ethnischen Deutschen wurden nach dem Krieg aus Polen vertrieben, um Polen zu einem homogenen Staat zu machen. Städte, die jetzt in Westpolen liegen, wurden für polnische Migranten aus den östlichen Teilen geräumt. Das Vereinigte Königreich stimmte für den Austritt aus der Europäischen Union, weil es nicht wollte, dass Fremde über ihre Zukunft bestimmen. Es war eine Abstimmung über Souveränität genauso wie über Grenzkontrollen.

Der Iran ist mit weltweiten Wirtschaftssanktionen konfrontiert, weil die Regierungen die Entscheidungen und die Politik des Regimes nicht unterstützen. Wir sind alle eine menschliche Familie, aber der Iran darf keine Atomwaffen haben. Wir sind nicht wirklich alle gleich, oder? Ich will hier nicht sagen, dass ich glaube, dass der Iran Atomwaffen kontrollieren sollte.

Afrika hat viele Bürgerkriege zwischen verschiedenen Stämmen und Warlords erlebt, die um die Vorherrschaft kämpfen. Die bewaffneten Konflikte sind so häufig und anhaltend, dass sie es kaum in den Nachrichtenzyklus schaffen. Unruhen und Gewalt gehören zu den Erwartungen.

Jugoslawien verfiel in einen Krieg zwischen den verschiedenen ethnischen Gruppierungen, sobald die Zentralregierung die Kontrolle verlor. Die Grenzen der neuen Nationen wurden so genau wie möglich an ihre kulturellen Barrieren angepasst, basierend auf Religion und Sprache. Und siehe da: Seitdem die Gruppen ihre eigenen Länder haben, gibt es keinen Krieg mehr. Die einzige Unruhe, die es noch gibt, ist im Kosovo, einem Teil, der nicht der kulturellen Trennlinie entsprach.

Man kann argumentieren, dass es in jeder Familie interne Unruhen gibt, aber eine Familie, in der die einzelnen Mitglieder versuchen, sich vom Rest zu distanzieren oder die anderen Familienmitglieder zu töten, ist keine gesunde, funktionierende Familie.

Die Welt war am friedlichsten, als sie aus einzelnen Nationalstaaten bestand. Die Lösung des Ersten Weltkriegs war die Schaffung von Nationalstaaten wie Polen, die den Polen ihre eigene Heimat gaben, damit sie ihre Zukunft selbst bestimmen konnten. Für die polnische Nation ging ein Traum in Erfüllung, von dem sie seit über einem Jahrhundert geträumt hatte.

Das Ende des Krieges in Jugoslawien führte zur Gründung mehrerer neuer Nationalstaaten wie Kroatien und Serbien. In Serbien kam es später zur Unabhängigkeit des Kosovo, da es sich kulturell vom Rest Serbiens unterschied. Der Kosovo war islamisch, im Gegensatz zum christlich-orthodoxen Serbien.

Nach dem Fall der Sowjetunion feierten die baltischen Nationen ihre wiedergewonnene Unabhängigkeit von einem unterdrückenden russischen Regime. Das gleiche Ergebnis gab es in Zentralasien, wo neue unabhängige Staaten entstanden. Die Teile, die Teil Russlands blieben, wie z. B. Tschetschenien, sorgten weiterhin für Unruhen.

Was haben all diese Ereignisse gemeinsam? Sie zeigen, dass wir nicht eine glückliche Familie sind. Es zeigt, dass wir eine Ansammlung von verschiedenen Völkern sind, die gerne ihr eigenes Ergebnis bestimmen.

Freiheitskämpfer waren die Menschen, die ein unabhängiges Land für ihre Nation schaffen wollten. Auch heute diskutieren viele über die Kurden als ein Volk, dass eine Heimat braucht. Niemand war bereit, eines der Länder, in denen die Kurden derzeit leben, zu zwingen, einen Teil seines Territoriums aufzugeben und die Kurden waren nicht in der Lage, die Schaffung eines eigenen Landes durchzusetzen. Dennoch kämpfen sie weiter dafür und werden von vielen für ihre Beharrlichkeit bewundert. Ihr Ziel wird als rechtschaffen angesehen. Besonders nachdem sie gegen den syrischen Präsidenten Assad und ISIS gekämpft haben, was ein guter PR-Gag war. Die PR war ein Nebeneffekt der Notwendigkeit, sich zu verteidigen, nicht das primäre Ziel.

Doch was passiert mit Griechenland, dessen Bevölkerung bis zum Ende des Jahrhunderts voraussichtlich auf unter fünf Millionen schrumpfen wird? Wenn die Vereinten Nationen ihr Experiment der Ersatzmigration durchführen, wird die Mehrheit des Landes zu diesem Zeitpunkt nicht griechisch sein. Das griechische Volk hätte dann effektiv seine Heimat verloren und sein Recht auf Selbstbestimmung eingebüßt.

Das Gleiche gilt für viele andere europäische Nationen, in denen die Kombination aus niedriger Geburtenrate und wachsender Bevölkerung, die durch Migration genährt wird, garantiert, dass die einheimische Bevölkerung früher oder später die Minderheit in ihrem Heimatland sein wird.

Was wäre, wenn alle verbliebenen Griechen Sparta und

Theben wieder aufbauen und dort leben würden, während Einwanderer die anderen Städte wieder besiedeln. Die Einwanderer hätten die demokratische Mehrheit und wären diejenigen, die den Präsidenten von Griechenland wählen. Hätten die Spartaner einen Einfluss? Nein, sie wären eine Minderheit ohne Kontrolle. Wäre ein Kampf um die Unabhängigkeit an diesem Punkt nicht gerechtfertigt? Was, wenn die Einwanderergruppen sehr unterschiedliche Werte und Überzeugungen haben und die Spartaner mit der Richtung, die ihr Land einschlägt, unzufrieden sind? War es nicht gerechtfertigt, dass die Litauer frei von den Russen sein wollten?

Wäre der Wunsch der Litauer nach Unabhängigkeit nicht berechtigt gewesen, wenn das Sowjetreich wirklich demokratisch gewesen wäre? Unabhängig davon hätte die Zentralregierung nur die Stimmen der Russen gebraucht, nicht die einer kleinen Wählerschaft wie die der Litauer.

China führt ein ähnliches Umvolkungsexperiment in Tibet durch, wobei viele Han-Chinesen einwandern und sich in Tibet niederlassen. Die einheimischen Tibeter sind bereits zu einer Minderheit geworden, was jeden Traum von einem "Freien Tibet" in weite Ferne rücken lässt. Ein tatsächliches Referendum in Tibet unter den Einwohnern, ob sie unabhängig sein wollen, würde nicht mehr funktionieren, da die Mehrheit der Wähler Han-Chinesen wären. Erkennen die Tibeter an, dass die Han-Chinesen genauso ein Teil der menschlichen Familie sind wie ihre tibetischen Mitbürger? Die demokratische Option gibt es für Tibet nicht mehr. Was nun? Was passiert, wenn die verbliebenen Tibeter doch ihre Unabhängigkeit wollen? Sollten sie in einen bewaffneten

Aufstand gehen? Wie würden sie mit einem solchen Aufstand überhaupt Erfolg haben, wenn die Hälfte ihrer Nachbarn Chinesen sind? Oder ist ihre Unabhängigkeit nicht länger ein erstrebenswertes Ziel? Sind die Tibeter jetzt die Rassisten und Fanatiker, weil sie von den Chinesen getrennt werden wollen?

Der Dalai Lama selbst hat gesagt: "Die chinesische Regierung möchte, dass ich sage, dass Tibet seit vielen Jahrhunderten ein Teil Chinas ist. Selbst wenn ich diese Aussage machen würde, würden viele Leute nur lachen. Und meine Aussage wird die vergangene Geschichte nicht ändern. Geschichte ist Geschichte."

Der Glaube, dass wir alle Menschen aus der ganzen Welt mischen und eine glückliche, funktionierende multikulturelle Gesellschaft schaffen können, ist der Kern des Arguments der offenen Grenzen. Dieser Glaube ist traurigerweise unbegründet. Ja, es wäre großartig, wenn er wahr wäre, aber das ist er nicht.

Sogar innerhalb der neu entstehenden multikulturellen Gesellschaften sehen wir, dass sich Vögel einer Feder zusammenrotten. Das hat zu Begriffen wie "white flight" geführt, die darauf hindeuten, dass weiße Menschen Nachbarschaften verlassen, sobald nicht-weiße Menschen einziehen.

Dies ist nicht nur bei Weißen zu beobachten. Sie sehen, dass sich die Afroamerikaner zusammenschließen. Sie sehen, dass sich Türken in Europa gruppieren. Polnische Einwanderer im Vereinigten Königreich gruppieren sich zusammen.

Offen gesagt, fühlen sich Menschen wohler, wenn sie mit Menschen zusammen sind, die ihnen am ähnlichsten sind. Das mag eine genetische Präferenz sein, die uns im Laufe unserer Evolution geholfen hat zu überleben und zu gedeihen.

Wenn man das Vorhandensein einer solchen In-Group-Präferenz anerkennen kann, verzerrt dies die Vorstellung, dass Menschen in einer multikulturellen Gesellschaft leben wollen. Die meisten multikulturellen Gesellschaften sind nicht multikulturell in dem Sinne, dass jeder mit Menschen aus anderen Kulturen gemischt lebt, die Realität ist eine stark segmentierte Gesellschaft mit verschiedenen Gruppen, die sich in verschiedenen Stadtteilen oder Städten zusammenfinden.

Es gibt keine neue Welt, es ist die alte Welt, umgestaltet in einer kleineren Umgebung. Länder werden durch Nachbarschaften ersetzt.

Es wurden Untersuchungen zur Selbstsegregation von Minderheitengruppen durchgeführt und das Ergebnis war wie folgt: "Wir finden, dass eine kleine Minderheitengruppe die kulturellen Praktiken der Mehrheit übernehmen und sich integrieren wird.

Im Gegensatz dazu können Minderheitengruppen oberhalb einer bestimmten kritischen Masse unterschiedliche Praktiken beibehalten und sich auch von der Mehrheit abspalten. Die Größe dieser kritischen Masse hängt von der kulturellen Distanz zwischen den Gruppen, der Bedeutung der Kultur im täglichen Leben und den Kosten der Bildung einer sozialen Bindung ab."

Je größer die Gruppe und je unähnlicher sie der dominanten Gruppe ist, desto eher ist sie bereit, sich abzusondern. Dies impliziert auch, dass eine Integration umso unwahrscheinlicher ist, je größer die Einwanderergruppe ist. Anstatt dass die Integration im Laufe der Jahre einfacher wird, wird sie immer unwahrscheinlicher, je größer die Zahl der Zuwanderer wird. [1]

Und dann stellt sich die Frage: Sollten wir die Menschen dazu zwingen, in kulturell gemischten Gesellschaften zu leben? Wenn die große Mehrheit der Menschen es nicht will, ist es dann fortschrittlich zu glauben, dass sie sich mit ein bisschen Druck daran gewöhnen, es akzeptieren und annehmen werden? Und wie lange sollten wir ein solches Experiment durchführen, um die Ergebnisse zu sehen? Wann können wir sagen, dass das Experiment gescheitert ist? Wie viel Blut muss fließen.

Und darüber hinaus, warum wollen wir ein solches Experiment überhaupt durchführen? Was gibt es zu gewinnen? Was war falsch an einem System von Nationalstaaten? Es gibt keine menschliche Familie. Es gibt viele verschiedene Völker. Völker mit unterschiedlichen Werten. Mit unterschiedlichen Kulturen. Völker, die gerne mit Menschen zusammenleben, die ihre Überzeugungen teilen.

So toll es auch ist, zu reisen und Menschen aus anderen

Kulturen zu treffen, so wenig begeistert sind die Menschen davon, sie als Nachbarn zu haben.

Inzwischen glaubt fast die Hälfte der britischen Muslime, dass Kleriker, die Gewalt gegen die westliche Welt predigen, dies zu Recht tun. Das Gefühl, dass die gesamte Menschheit eine Bruderschaft ist, wird offensichtlich nicht allgemein akzeptiert. [2]

Der Glaube, dass wir alle eins sind, und dass wir allen gegenüber Altruismus zeigen sollten, funktioniert nicht, wenn niemand sonst an diesem kleinen Mythos teilnimmt. Und können wir es diesen Menschen verdenken? Richard Dawkins erklärt uns, dass unsere Gene die Kontrolle haben und dass wir uns am engsten mit denen verbunden fühlen, die uns genetisch am ähnlichsten sind. Wir selbst, unsere Kinder, unsere direkte Familie, unsere erweiterte Familie, unser Dorf, unsere Stadt, unsere Provinz, unser Staat und unsere Nation.

Andere Gruppen hören immer noch auf ihre Gene, sie folgen der Evolutionstheorie von Dawkin, die er in "Das egoistische Gen" erklärt hat. Aber wir, die atheistischste Bevölkerung der Erde, scheinen unsere uralten Stammestendenzen zu verleugnen. Haben unsere Vorfahren nicht in Stämmen gelebt und Jahrtausende lang gekämpft, um nicht erobert zu werden? Waren sie einfach nur Fanatiker oder steckte ein evolutionärer Zweck dahinter?

Wir akzeptieren die Evolution, leugnen aber gleichzeitig, dass die Evolution immer noch etwas ist, das uns betrifft. Solange wir unsere eigenen Kinder anders bewerten als Kinder, die auf der anderen Seite der Welt geboren wurden, können wir nicht behaupten, eine große glückliche Familie zu sein. Und höchstwahrscheinlich werden wir das auch immer tun, denn so überleben unsere Gene. Es ist eine erfolgreiche Überlebensstrategie, eine Strategie, die die natürliche Selektion fördert. Unsere Nationen sind unsere Großfamilien, dass ist ein Teil dessen, was uns ihnen gegenüber großzügiger macht.

"Ich bin zunehmend davon überzeugt, dass es einen fortlaufenden Versuch der ethnischen Ersetzung eines Volkes durch ein anderes Volk gibt. Das ist keine Notmigration, sondern eine organisierte Migration, die darauf abzielt, das italienische Volk durch ein anderes Volk, italienische Arbeiter durch andere Arbeiter zu ersetzen."

-Matteo Salvini

Quellen:

[1]
https://www.ifs.org.uk/uploads/publications/wps/WP201530.
pdf

[2] http://comres.co.uk/polls/bbc-radio-4-today-muslim-poll/

13. DAS REICH DER ZUKUNFT

"Wir sind die Borg. Senken Sie Ihre Schilde und überlassen Sie uns Ihre Schiffe. Wir werden Ihre biologischen und technologischen Besonderheiten zu den unseren hinzufügen. Ihre Kultur wird sich anpassen, um uns zu dienen. Widerstand ist zwecklos."

- Die Borg, Star Trek

Assimilation, wie von den Borg gezeigt, findet in unserer Realität nicht statt. Ebenso wenig wie die Integration. So haben wir am Ende eine Mischung aus verschiedenen Kulturen, die in demselben Gebiet leben, unterschiedliche Werte, alles unterschiedlich. Es gibt einen Punkt, an dem ein solcher Staat nicht mehr als Nationalstaat bezeichnet werden kann, weil die ursprüngliche Nation, die dort lebt, nicht mehr in der Lage ist, das Territorium dominant zu kontrollieren und möglicherweise selbst zu einer Minderheit geworden ist. Wenn es sich an diesem Punkt nicht mehr um einen Nationalstaat handelt, was ist es dann? Nun, die Alternative zu einem Nationalstaat ist ein Imperium. In diesem Fall ein Mini-Imperium. Dennoch wird es die für ein Imperium übliche Regierungsform haben und darum wird es in diesem Kapitel gehen. Es ist ein Thema, das normalerweise nicht diskutiert wird und manchmal ist es ein bisschen schwierig, meinen Gedankenfluss zu erklären.

Es entstehen zwei oder mehr, völlig getrennte, Welten innerhalb der gleichen Nation. Die Nation verliert dabei per Definition ihre Identität. Was meinen wir, wenn wir das sagen? Nun, nehmen wir der Einfachheit halber die erste Zeile auf Wikipedia unter dem Begriff "Nation". Sie können in Ihrem eigenen Wörterbuch nachsehen, aber zweifellos wird dort eine ähnliche Beschreibung stehen.

"Eine Nation ist eine stabile Gemeinschaft von Menschen, die auf der Grundlage einer gemeinsamen Sprache, eines gemeinsamen Territoriums, einer gemeinsamen Geschichte, einer gemeinsamen ethnischen Zugehörigkeit oder einer gemeinsamen psychologischen Verfassung gebildet wird, die sich in einer gemeinsamen Kultur manifestiert."

Die gemeinsame Sprache ist weg. Das gemeinsame Territorium ist nur halb wahr, da sich die Subkulturen oft um dieselben Stadtteile, Städte und Regionen gruppieren. Die in der Definition erwähnte Ethnizität, die eng mit der Rasse und der DNA zusammenhängt, ist etwas völlig anderes. Das psychologische Make-up, also die Werte und Überzeugungen einer Person, ist anders. Und das Ergebnis sind mehrere Kulturen.

Also ist der Begriff "Nation" per Definition für diese

Länder nicht mehr anwendbar. Eine multikulturelle Nation ist eine contradictio in terminis; Nationen sind per Definition nicht multikulturell. Die "Vereinten Nationen" sind kein Zusammenschluss von Nationen mehr, da die meisten der prominenteren Gründungsmitglieder keine Nation mehr sind.

Ein Land ist entweder national oder imperial. National impliziert, dass es innerhalb dieser rechtlichen Einheit nur ein "Volk" gibt, dass das Land bewohnt. Ein Volk ist dadurch bestimmt, dass es eine stabile Gemeinschaft von Menschen ist, die auf der Grundlage einer gemeinsamen Sprache, Geschichte, Ethnie oder psychologischen Verfassung gebildet wird, die sich in einer gemeinsamen Kultur manifestiert. Das einzige, was fehlt, ist ein Territorium, wenn wir das hinzufügen, bildet das Volk eine Nation. Manchmal wird der Begriff "Nation" auch als Ersatz für das Wort "Volk" verwendet, denn es wurde oft gesagt, dass die Juden eine Nation innerhalb einer Nation bilden. Ein eigenständiges Volk, dass unter einem anderen Volk lebt.

Ein imperiales Land beherbergt verschiedene Völker mit verschiedenen Kulturen. Das Imperium mag eine dominante Kultur haben, aber letztlich hängt es von der Toleranz zwischen den verschiedenen Völkern ab, die die Grenzen bewohnen.

Wir sollten die Unterscheidung zwischen einem nationalen und einem imperialen Land nicht als schwarz und weiß sehen. Betrachten Sie es als eine Skala. Ganz links auf der Skala haben Sie ein nationales Land. Auf der linken Seite sitzt zum Beispiel Japan, das bis auf die nördlichsten und südlichsten Inseln sehr homogen ist. Auf der äußersten rechten Seite der Skala haben Sie dann ein vollständig imperiales Land. Nehmen Sie zum Beispiel Großbritannien auf dem Höhepunkt des Kolonialismus.

Die Engländer, die dominante Kultur des Reiches, waren eigentlich selbst eine Minderheit. Sie waren umgeben von den Schotten, Iren und Walisern und zahlenmäßig unterlegen von den Indern und Afrikanern.

Historisch gesehen hatten die verschiedenen Völker sogar in diesen imperialen Domänen ihr eigenes Gebiet. Die Engländer in England, die Waliser in Wales, die Schotten in Schottland, die Iren in Irland und die Inder in Indien. Auf diese Weise wurde der Imperialismus des britischen Empire mit der Nationalität innerhalb des Reiches kombiniert. Dies war normalerweise der Fall, wenn auch vielleicht weniger im persischen oder römischen Reich, wo Stämme innerhalb der Grenzen des Reiches umherzogen oder nach ihrer Niederlage gewaltsam umgesiedelt wurden. Auch die Sowjetunion gab sich Mühe, die Völker innerhalb ihrer Grenzen umzusiedeln.

Wenn es keine Integration gibt, ist der letztendliche Effekt eine Bewegung in Richtung Imperialismus. Es ist ein Schritt in Richtung der Anwesenheit von mehreren unterschiedlichen Völkern innerhalb derselben Grenzen. Verschiedene Völker, mit verschiedenen Kulturen. Der Punkt in diesem Abschnitt ist, dass dieses Ergebnis unbestreitbar eintritt. Die Einwanderung findet statt, die Integration nicht. Das Endergebnis sind also mehrere unterschiedliche Völker und Kulturen, die dasselbe geografische Gebiet bewohnen.

Dies ist ein Prozess, der bereits sichtbar ist und der sich, wie die vorangegangenen Szenarien zeigen, nicht ändern wird, wenn wir einfach darauf warten, dass die Integration auf magische Weise geschieht. Tatsächlich zeigt es, dass selbst wenn wir die Integration aktiv fördern, ein Widerwille der Gruppe der Außenseiter jede Integrationsinitiative daran hindern wird, effektiv zu sein.

Wie definieren wir ein Imperium? Dictionary.com liefert uns folgende Beschreibung: "eine Gruppe von Nationen oder Völkern, die von einem Kaiser, einer Kaiserin oder einem anderen mächtigen Souverän oder einer Regierung beherrscht werden".

Es definiert ein Imperium eindeutig als eine Gruppe von Nationen oder Völkern, die von derselben Entität regiert werden. Nun, historisch gesehen wurden Imperien meist von einer sehr autokratischen Regierungsform geführt. Dies ist kein Zufall. Es ist zu erwarten, dass ein imperiales System nicht zusammen mit Demokratie funktionieren kann. Jene imperialen Systeme, die den Besitz eines Imperiums mit Demokratie kombinierten, würden das Wahlrecht nur auf den Kern der Bevölkerung beschränken.

Denken Sie zum Beispiel an die Römische Republik. Bis Julius Cäsar daherkam und die Verfassung zerstörte, funktionierte Rom etwa fünfhundert Jahre lang als eine Republik. Diese Republik und das Wahlrecht waren nur auf das römische Volk beschränkt. Die Eroberer in Gallien, Spanien oder Asien galten nicht als römische Bürger und durften nicht wählen. Das römische Bürgerrecht wurde nur wenigen Bewohnern aus diesen Regionen verliehen, als besondere Belohnung für geleistete Dienste.

Erst als Rom schon lange keine Republik mehr war, wurde das allgemeine Bürgerrecht an alle innerhalb der Grenzen des Reiches verliehen. Zu diesem Zeitpunkt hatte das römische Bürgerrecht ohnehin seine Bedeutung verloren und war eher eine symbolische Geste.

Das britische und das spanische Imperium funktionierten auf die gleiche Weise. Irgendwann nahmen sie die Demokratie an, aber das Wahlrecht war auf die Bewohner Großbritanniens und Spaniens beschränkt, nicht auf alle, die unter ihrer Herrschaft in den Kolonien lebten. Das ist die einzige Möglichkeit, wie Empire und Demokratie Hand in Hand gehen können. Das Problem dabei ist, dass dies für die Briten und Spanier einfach war, da ihre Kolonien in Übersee lagen und dies eine klare Barriere zwischen den Bürgern und den anderen schuf.

Für die moderne westliche Welt sind die anderen Kulturen nicht durch den Ozean getrennt, sondern sie leben unter den Einheimischen des Landes. Ein Land, das im Übrigen viel zu "fortschrittlich" ist, um das Wahlrecht auf die eigenen Eingeborenen zu beschränken. Stellen Sie sich den Schock vor, wenn jemand vorschlagen würde, dass nur gebürtige Deutsche wählen dürfen, türkischstämmige aber nicht! Das wäre natürlich eine Form der Diskriminierung und es klingt wie eine absurde Idee, zumindest im Moment. Wie absurd ist die Idee, wenn es um Wahlen in einer Kleinstadt geht, in der die Mehrheit der Einwohner türkisch ist, plus ein paar deutsche Familien, die seit Jahrhunderten dort leben. Was passiert mit der Fairness, wenn die türkischen Wähler einen türkischen Bürgermeister wählen, der Gelder für den Bau von Moscheen bereitstellt, statt für etwas, dass für den deutschen Teil der Bevölkerung wichtig ist? Es ist leicht zu denken, dass Politik keine Rolle spielt, wenn man im Wohlstand lebt und zu glauben, dass es immer so sein wird.

Wie anders würde unsere Politik aussehen, wenn Ausländer nicht wählen dürften? Wenn sogar diejenigen, die hier im Westen mit ausländischen Eltern geboren wurden, nicht wählen dürften? Die linken Parteien hätten keinen Anreiz, sich um diese Menschen zu kümmern, keinen Anreiz, den Anteil der Migranten zu erhöhen, um ihre Wählerschaft zu vergrößern. Die Politiker wären frei, sich auf das zu konzentrieren, was für die Einheimischen wichtig ist, anstatt sich ständig von den Wünschen und Launen der Neuankömmlinge ablenken zu lassen.

Die moderne westliche Welt besteht nicht mehr aus Nationen, sondern aus Ländern, die eher Imperien ähneln. Wiederum impliziert eine Nation, dass das Land von einem gemeinsamen Volk geteilt wird, während ein Imperium impliziert, dass viele verschiedene Nationen unter der Aufsicht der gleichen Regierung untergebracht sind.

Die gegenwärtige Polarisierung in der Politik ist ein Vorspiel für das Ende der Demokratie. Ein Imperium kann nicht demokratisch sein; es wird immer dazu übergehen, dass eine Gruppe die Kontrolle ergreift. Demokratie erfordert Einigkeit im Volk; sie kann nicht funktionieren, wenn sich die

Wähler gegenseitig als Gegner betrachten. Wir haben tatsächlich Zahlen, die den Niedergang der Demokratie in den Vereinigten Staaten untermauern. Der Prozentsatz der Amerikaner, die Vertrauen in den Kongress haben, ist in den letzten Jahrzehnten seit 1980 von 40% auf weniger als 10% gesunken. Ebenso hat die Jugend das Interesse an der Politik verloren und ist weniger politisch engagiert.

Der vielleicht beängstigendste Trend ist, dass junge Amerikaner die Demokratie eher als nicht notwendig und sogar als nicht wünschenswert für die Regierung der Vereinigten Staaten ansehen. Seit der Wahl von Donald Trump gibt eine Mehrheit der Amerikaner in Umfragen an, dass sie mit der Demokratie unzufrieden sind. Die Mehrheit der Wählerschaft glaubt nicht mehr an das aktuelle politische System. Das ist ein Novum: Etwas mehr als zweihundert Jahre nachdem wir unsere Demokratie errungen haben, glauben wir nicht mehr, dass sie der richtige Weg ist. Eine Frage, die bleibt, ist, ob der Verlust des Vertrauens in die Demokratie die Wahl von Donald Trump verursacht hat, von dem einige erwarten, dass er sich an der Macht hält und der Demokratie ein Ende bereitet, indem er sich selbst zum Diktator auf Lebenszeit proklamiert.

Oder geben die frustrierten Wahlverlierer ihre Zufriedenheit mit der Demokratie als Reaktion auf die Wahl von Trump auf? Letzteres scheint wahrscheinlicher, wenn man den plötzlichen Sprung nach 2016 bedenkt. Trotzdem hatte der Trend schon Jahre zuvor begonnen, etwa zur Zeit der Großen Rezession.

Wirtschaftliche Faktoren könnten der größte Faktor sein, da die Löhne durch die Einwanderer, die die Zahl der Arbeitskräfte erhöhen, gedrückt werden.

Bis vor einem Jahrzehnt lag der Anteil derjenigen, die mit der Demokratie unzufrieden sind, bei unter 25 %. Seitdem ist er auf über 50 % angestiegen, ein wahrhaft dramatischer Anstieg.

Ein weiterer Faktor, der das Vertrauen schmälern kann, liegt in den Minderheiten. Weiße haben mehr Vertrauen in die Regierung als Schwarze oder Hispanics. Wenn also Hispanics einen größeren Anteil an der Bevölkerung ausmachen, gibt es auch einen größeren Anteil an Menschen, die der Regierung misstrauen. Darüber hinaus scheint das Vertrauen im Allgemeinen in Umgebungen mit größerer ethnischer Vielfalt zu sinken, wie Untersuchungen in Dänemark gezeigt haben. [1] [2] [3] [4]

Die Grundidee der Regierung ist, dass sie den Bedürfnissen des Volkes dient, nicht, dass das Volk den Bedürfnissen der Regierung dient. Das Volk existierte bereits im Land, die Regierung wurde ins Leben gerufen, um das Leben des Volkes zu verbessern.

Natürlich hat es tyrannische Regierungen gegeben. Diese Regierungen benutzten die Menschen als Melkkühe, die sie endlos melken konnten; sie sahen sie als Konsumenten und als Kanonenfutter. Wir schauen auf solche Tyranneien herab, wie das heutige Nordkorea. Dort dient die Regierung nicht dem Interesse des Volkes; sie verbessert nur das Leben des Diktators, des Tyrannen.

Der ganze Sinn der Demokratie war, dass sie dem Volk die Kontrolle gibt und verhindert, dass eine solche Tyrannei entsteht. Bei allen Fehlern, die die Demokratie hat, ist die Idee, dass sie zumindest in der Theorie, dass, was für das Volk gut ist, mit dem, was die Regierung tatsächlich umsetzt, in Einklang bringt.

Der größte Fehler der Demokratie ist zweifellos die Leichtigkeit, mit der der Mob beeinflusst werden kann. Deshalb glaubte Plato, dass sich die Demokratie immer in eine Tyrannei verwandeln würde. Der Demagoge würde kommen und die Macht an sich reißen. Heute brauchen wir keine Demagogen mehr. Wir haben endlose Propaganda im Fernsehen, Radio, in Zeitungen und im Internet. Diese Propaganda, so zerstreut sie auch sein mag, ist der neue Demagoge, der die Menschen davon abhält, für ihre besten Interessen zu stimmen. Anstatt einer einzelnen Person, die auf dem Marktplatz spricht, steuern große Institutionen, welche Themen zu Gesprächsthemen werden und welche Ansicht die Menschen vertreten sollen. Wir sind in eine Zeit der institutionellen Tyrannei eingetreten, in der sich der Tyrann hinter die Kulissen zurückgezogen hat.

Die Hauptursache dafür, dass sich Menschen zu Nationen zusammenschlossen, war, dass sie sich gleichwertig fühlten. Militärische Eroberung war auch im Spiel, aber an der Wurzel hielt eine Nation zusammen, dass man eine Grundlage gemeinsamer Interessen finden konnte. Die Nation war wie eine riesige Großfamilie. Ohne dieses Gefühl der Zusammengehörigkeit würden sich die Menschen einfach nicht darum kümmern, was in anderen Teilen des Landes passiert.

Es ist dieses Gefühl der Zusammengehörigkeit, das die Wohlfahrtspolitik fördert. In Wohlfahrtsstaaten geben die Menschen einen großen Teil ihres Einkommens, dass sie durch ihre produktive Leistung erwirtschaftet haben, zum Wohle der Gruppe als Ganzes ab. Sie tun dies aus der Bereitschaft heraus, die anderen zu unterstützen, aber auch aus der Erwartung heraus, dass sie irgendwann in ihrem Leben darauf angewiesen sein könnten.

Wir sehen in Europa, dass Wohlfahrtsstaaten in homogenen Nationen entstehen, in denen sich die Menschen miteinander verbunden fühlen. Die Menschen sind bereit, Ressourcen für ihre Familie, ihre Kinder, ihre Brüder und Schwestern aufzuwenden, wenn diese Unterstützung benötigen. Diese Bereitschaft sinkt, je weniger verwandt sie sich fühlen.

Die Deutschen sind bereit, Sozialleistungen an andere Deutsche zu zahlen, sogar an diejenigen, die früher in Ostdeutschland gelebt haben, da sie sich immer noch als verlorener Teil der gleichen Familie fühlen. Obwohl, selbst Zahlungen an die Ostdeutschen werden oft nur widerwillig geleistet. Die Ankunft von Zuwanderern setzt diese Bereitschaft weiter unter Druck.

Der Aufstieg populistischer Parteien, die gegen Einwanderung sind, neigen dazu, auch einen großen Wohlfahrtsstaat abzulehnen. Sie wollen nicht die Rentenkassen kürzen, sondern das Arbeitslosengeld und andere Subventionen, die vor allem in Richtung der Einwanderer fließen. Die Abneigung, Geld zu zahlen, das die "Unverdienenden" nicht verdienen, hält an. An der Wurzel ist das Problem ein einziger Glaube, dass diese Neuankömmlinge kein Teil der Familie sind.

In ähnlicher Weise sehen wir in Europa eine große Debatte über die Einführung von "Eurobonds". Anstatt dass die Nationen ihre individuellen nationalen Schulden haben, würden sie auf EU-Ebene zusammengeschlossen werden. Die Deutschen befürchten, dass dies dazu führen wird, dass Länder wie Italien, Spanien, Griechenland und Portugal zu viel Geld ausgeben und mehr Geld in Form von Eurobonds aufnehmen müssen, um ihre Ausgaben zu finanzieren. Plötzlich sind die Deutschen viel weniger scharf darauf, ihre wohlverdienten Gehälter mit den Italienern zu teilen. Sie mögen alle Europäer sein, aber sie sind nicht Teil der gleichen Familie. Verstärkt werden solche Gefühle durch den Glauben, dass Italiener faul sind oder schlecht mit ihrem Geld umgehen. Sozialismus ist weniger attraktiv, wenn man zu der Gruppe gehört, die ständig den Lebensstil einer anderen Gruppe finanziert, ohne etwas dafür zu bekommen.

Die Sozialpolitik wird größtenteils von denjenigen unterstützt, die für ihr Einkommen auf diese Politik angewiesen sind. Zweitens sind es diejenigen, die sich gefährdet fühlen, zu einer Gruppe zu gehören, die auf staatliche Zuwendungen angewiesen ist. Und drittens sind es diejenigen, die es für gerecht halten, ihren Landsleuten zu helfen.

Es ist das Wahlverhalten der letzten Gruppe, das durch die Ankunft von Einwanderern beeinflusst wird, da Deutsche zwar bereit sind, andere Deutsche finanziell zu unterstützen, aber irgendwo eine Grenze haben.

Ein Elternteil, dessen Kind krank ist und eine Million Dollar für die Operation zahlen muss, würde - vorausgesetzt, sie können es sich leisten - wahrscheinlich diese Million Dollar ausgeben. Wenn sie es sich nicht leisten können, würden sie ein Gesundheitssystem zu schätzen wissen, dass durch die Beiträge vieler anderer, die zahlen, ohne krank zu werden, dafür aufkommen kann. Wir finden das moralisch richtig und einen guten Grund, warum wir eine universelle Gesundheitsversorgung haben sollten.

Doch wie viele Kinder in der Dritten Welt könnten für eine Million Dollar gerettet werden? Wenn wir die Theorie in Betracht ziehen, dass die gesamte Menschheit ein gleichberechtigter Teil derselben Familie ist, wäre es dann nicht besser, mit diesen Millionen Dollar tausend Kinder zu retten, anstatt nur das eine? Der einzige Unterschied ist, dass dieses Kind ein Teil unseres Landes ist.

Wenn es tausend Kinder gäbe, die in unserem eigenen Land verhungern und die Nation kann es sich nur leisten, eine Million Dollar für die Gesundheitsfürsorge von Kindern auszugeben, dann würde die Bevölkerung sicherlich entscheiden, dass es sinnvoll ist, zuerst die Kinder zu retten, die leicht und billig gerettet werden können, anstatt das eine Kind, das alle Mittel benötigt. Das alles ändert sich, sobald die anderen tausend Kinder "im Ausland" sind.

Sie sind bereit, mehr in Ihre eigenen Kinder zu investieren, als in die des Nachbarn. Man ist bereit, in die Kinder des Nachbarn mehr zu investieren, als in die am anderen Ende der Welt. Und ja, sicher, in einer idealen Welt könnten alle Kinder gerettet werden. Fakt ist, unsere

Ressourcen sind nicht unendlich und Ärzte kosten Geld.

Die Demokratie funktioniert, wenn das Volk geeint ist und ein Gefühl der Solidarität besteht. Auch hier sollten wir nicht überrascht sein, dass Nationalstaaten und Demokratie zur gleichen Zeit in der Geschichte aufkamen. Es war die Bildung von Nationalstaaten, die es der Demokratie ermöglichte, zu gedeihen.

Warum geschah das in Frankreich? Weil Frankreich die älteste Nation ist, die Europa hat. Frankreich entstand als erste moderne Nation gleich nach dem Fall des Römischen Reiches, zumindest die westliche Hälfte davon und hat seitdem kontinuierlich existiert. Die Demokratie breitete sich in ganz Europa auf andere Nationalstaaten aus. Vor Frankreich war die Demokratie in den Niederlanden entstanden. Und wann? Nun, als die Niederländer sich gegen das spanische Kaiserreich auflehnten, um ihren eigenen Nationalstaat zu gründen.

Der Kampf im Großen Krieg von 1914 bis 1918 war ein Kampf zwischen Imperien, nicht zwischen Nationen. Das britische, französische und russische Imperium kämpften gemeinsam auf einer Seite. Auf der anderen Seite kämpften das deutsche, das österreichisch-ungarische und das osmanische Reich gemeinsam.

Der Krieg wird oft so dargestellt, als hätte er nationalistische Wurzeln, aber das ist eine falsche Darstellung dessen, was eine Nation oder ein Nationalist ist. Diese Logik trifft nur zu, wenn man unter "Nationalismus" den Wunsch versteht, dass die eigene Nation die Welt beherrscht. Das ist jedoch überhaupt nicht dass, was es bedeutet. Die einzige nationalistische Wurzel zu diesem Großen Krieg, war der Grund für die Ermordung des österreichischen Erzherzogs, der von einem Balkan-Separatisten getötet wurde, der wollte, dass sein Volk seinen eigenen Nationalstaat hat.

Der Merriam Webster verwendet die Definition für Nationalismus als "Loyalität und Hingabe an eine Nation". Die Definition für eine Nation, die eine schnelle Google-Suche ergibt, lautet: "eine große Gruppe von Menschen, die durch gemeinsame Abstammung, Geschichte, Kultur oder Sprache vereint sind und ein bestimmtes Land oder Gebiet bewohnen".

Nationalismus bedeutet also Loyalität und Ergebenheit gegenüber einer Gruppe von Menschen, mit denen man seine genetischen Wurzeln, eine Geschichte und eine Kultur teilt und die gleiche Sprache spricht; außerdem lebt man tatsächlich in demselben geografischen Gebiet. Loyalität ist ein Gefühl der Unterstützung oder Treue. Hingabe ist Liebe, Loyalität und Begeisterung.

Die nicht-pervertierte Bedeutung von Nationalismus hat keine Aggression. Er erniedrigt andere Nationen nicht; er ist eine rein positive Idee der Liebe und Begeisterung für Ihre Kultur, Ihr Volk und Ihre Sprache. Ist es ein böser Wunsch, diese Dinge, die man liebt, bewahren zu wollen? Ist es falsch, diese oikophilen Tendenzen zu haben? Sollten wir alles wegwerfen und eine Welt der faden Gleichförmigkeit schaffen, in der sich niemand mehr zu Hause fühlt?

Nationalismus ist eindeutig nicht der Grund, warum Nationen im Großen Krieg in den Krieg zogen. Was war dann der Grund? Gehen wir zu dictionary.com, um die Definition für "Imperium" nachzuschlagen: "eine Gruppe von Nationen oder Völkern, die von einem Kaiser, einer Kaiserin oder einem anderen mächtigen Souverän oder einer Regierung beherrscht werden". Normalerweise ein Territorium von größerer Ausdehnung als ein Königreich, wie das frühere Britische Reich, Französische Reich, Russische Reich, Byzantinische Reich oder Römische Reich. Wir sehen, dass das Imperium mehrere Nationen oder Völker unter einer einzigen Regierung kontrollieren kann. Die Nation war per Definition auf das Gebiet beschränkt, in dem diese Menschen leben. Was ist mit der Definition für "Imperialismus"? Imperialismus wird beschrieben als "die Politik, Praxis oder Befürwortung der Ausweitung der Macht und Herrschaft einer Nation, insbesondere durch direkte territoriale Übernahmen oder durch die Erlangung indirekter Kontrolle über das politische oder wirtschaftliche Leben anderer Gebiete".

Hier sollte klar sein, dass Reiche mit imperialistischen Tendenzen, die souveräne Nationen beherrschen wollen, den Krieg verursacht haben. Das Problem lag nicht bei den Menschen, die ihre Nation liebten; es lag bei den Machthungrigen, die ihre Macht ausweiten wollten. Ihre Macht auf das Gebiet anderer souveräner Nationen auszudehnen. Das ist nicht mehr Nationalismus, dass ist Imperialismus.

Am Ende des Krieges war das noch allen klar. Nichts von dem, was ich hier gesagt habe, wäre für jemanden, der damals lebte, ein Schock gewesen. Erst nach dem Ende des Zweiten Weltkriegs wurde der Nationalismus in ein schlechtes Licht gerückt und für jeden Krieg verantwortlich gemacht, der je stattgefunden hatte. Wie bereits erwähnt, dachten sich die Machthaber, dass die Schaffung von Nationalstaaten und die Auflösung von Imperien die besten Lösungen waren, um sicherzustellen, dass der Große Krieg tatsächlich "der Krieg war, der alle Kriege beendet".

Sind alle Imperien gleich? Bis zu einem gewissen Grad ja, aber es gibt ein paar wichtige Unterschiede. Wir können die am Großen Krieg beteiligten Imperien beobachten. Das britische und das französische waren Kolonialreiche in Übersee, während die anderen vier (das deutsche, das osmanische, das österreichisch-ungarische und das russische) Imperien waren, deren Eroberungen an das Mutterland gebunden waren.

Es liegt in der Natur eines Imperiums, nach Expansion zu streben, da sie keine natürlichen Grenzen haben. Man denke an das Römische Reich, dass für seine endlose Expansion bekannt ist, mit fast ständigen Kriegen und kleineren Konflikten an den Grenzen und häufigen Aufständen im Inneren. Die Expansion Roms hörte erst auf, als es nicht mehr genug Schlachten gewinnen konnte, nicht weil die Römer irgendwann das Gefühl hatten, das optimale Territorium erreicht zu haben. Die Römer sahen sich durch natürliche Barrieren und Territorien eingeschränkt, die sie zu erobern versuchten, aber scheiterten. Zwischen der Sahara, den Meeren, den germanischen Stämmen und dem persischen Reich stieß Rom an seine Grenzen.

Ein Volk hingegen hat eine klare Unterscheidung zwischen dem, wo sein Volk lebt und wo es nicht lebt. Es gibt immer einige vage Gebiete in den Grenzen, auf die beide Seiten ein Recht beanspruchen, aber eine Nation kann nicht Land auf der halben Welt erobern, ohne sich in ein Imperium zu verwandeln. Dass die Nation nicht klar abgegrenzt ist, bedeutet nicht, dass sie nicht existiert. Es ist schwer zu sagen, wo Gelb aufhört und Orange beginnt, aber es ist nicht so schwer, zwischen Orange und Gelb zu unterscheiden. Es ist sogar einfacher, den Unterschied zwischen Gelb und Blau oder Gelb und Rot zu erkennen.

Die Römer konnten die Invasion Englands nicht mit der Behauptung rechtfertigen, es sei römischer Boden, auf dem Menschen lebten, die der römischen Kultur anhingen. Wenn sie Nationalisten gewesen wären, hätten sie Mittelitalien nie verlassen. Das hätte nicht funktioniert, denn Nationalismus funktioniert am besten, wenn sich alle Seiten daran halten. Es ist eine Art Gefangenendilemma. Wenn jeder den Nationalstaat als Ideal wählt, dann gewinnen alle. Aber wenn eine Seite den Imperialismus wählt, dann verlieren alle, die den Nationalstaat wählen.

Hitler benutzte eine klare nationalistische Rhetorik, um seine Kriege gegen die Tschechische Republik und Polen zu rechtfertigen. Gegenüber den Tschechen behauptete er, er sei nur gekommen, um in das Grenzgebiet einzumarschieren, in dem die Sudetendeutschen lebten, während er gegenüber Polen behauptete, die Polen hätten die deutsche Minderheit misshandelt. Seine Eroberung der restlichen Tschechen und ganz Polens, gefolgt von einer Invasion Frankreichs und Russlands, machte das Ganze eindeutig imperialistisch. Seine nationalistische Rhetorik war eine Fassade für seine tief verwurzelten imperialistischen Sehnsüchte gewesen. Eine Sache, die die Deutschen schon seit Jahrhunderten hatten, nämlich den Wunsch, die slawischen Länder im Osten zu erobern. Die imperialistische preußische Mentalität kam ans Licht, und der Rest der Welt erklärte den Krieg.

Imperien können in zwei Kategorien unterteilt werden, ein kontinuierliches Imperium und ein überseeisches Imperium. Ein kontinuierliches Imperium bezieht sich auf ein nationales Kernland, dass an die eroberten Gebiete grenzt. Zum Beispiel, das Osmanische Reich, dass alle Gebiete erobert hatte, die zuvor vom Byzantinischen Reich gehalten wurden. Die Alternative ist das Übersee-Imperium, wie z.B. das Britische Empire, wo die Kolonien weit entfernt über den Ozean gehalten werden. Die Niederländer, die Franzosen und die Spanier hatten ähnliche Überseeimperien während der Kolonialzeit.

Wie wir bereits erwähnt haben, ist volle Demokratie nur in der Nation möglich. Im kontinuierlichen Reich ist keine echte Demokratie möglich. Geben Sie ihnen ein Referendum, und sie würden nur für die Unabhängigkeit stimmen!

Denken Sie an die Römer, wo nur römische Bürger das Recht hatten, bei Wahlen abzustimmen. Die eroberten Völker hatten kein solches demokratisches Recht, eine Situation, die sich als instabil erwies. Diese römische Praxis wurde beendet, als Rom weiter wuchs und einen Kaiser bekam; Julius Caesar übernahm die Kontrolle, nachdem er Gallien erobert und auf dem Rückweg nach Rom mit seinen

Legionen den Rubikon überquert hatte. Obwohl Caesar es nur zum Diktator auf Lebenszeit schaffte, führte sein Handeln dazu, dass Rom zu einem Imperium wurde. Die Deutschen hatten seit den Tagen des Heiligen Römischen Reiches einen Kaiser.

Die Russen hatten einen Zar. Die Österreich-Ungarn hatten einen Kaiser. Die Osmanen hatten einen Sultan. Die Aufklärung begann nicht in diesen autokratischen Regimen, nein, die fortschrittlichen Reiche waren diejenigen mit überseeischen Kolonien.

Demokratie ist eine größere Herausforderung, da es darum ginge zu bestimmen, welche Individuen "echte" Bürger sind und welche nicht. Aufgrund der Kontinuität des Imperiums und der Vermischung, die stattfindet, kann es schwierig sein, dies zu beurteilen. Ein Parlament voller Stimmen für Separatismus hätte diese Reiche nicht gestärkt. Gleichzeitig wäre es konfliktträchtig, Bürger zweiter Klasse zu schaffen, die so nah an der Hauptstadt leben.

Das kontinuierliche Land-Imperium konzentriert sich mehr auf die Eingliederung dieser Gebiete in das Kernland. Sie möchten, dass sich die anderen Völker an ihre dominante Kultur anpassen und ein Teil davon werden. Da diese Gebiete an das Kernland der Nation grenzen, sind die genetischen Unterschiede in der Regel gering und nach einer kulturellen Übernahme können sie nach kurzer Zeit ununterscheidbar werden.

Die Römer versuchten dies mit ihrer Romanifizierung Europas, indem sie ihre Götter, Kultur und Sprache über den

Kontinent verbreiteten. Die Strategie war wahnsinnig erfolgreich, sogar über die Völker Italiens hinaus. Sie war so erfolgreich, dass selbst nachdem Rom selbst gefallen war, das Römische Reich noch weitere tausend Jahre weiter existierte, mit Sitz in Konstantinopel. Das Byzantinische Reich bezeichnete sich selbst nie als Byzantiner, sondern als Römer. Es waren die Deutschen, die im Heiligen Römischen Reich lebten, die das Oströmische Reich als Byzantiner bezeichneten, um ihren berechtigten Anspruch zu begründen, das Römische Reich genannt zu werden. Die Logik der Assimilierung besteht darin, dass die eroberten Völker, sobald sie sich als römisch identifizieren, nicht mehr revoltieren oder versuchen werden, das Imperium zu verlassen. Man glaubte, dass die Einheit des Reiches die Stärke sichert.

Die Russen versuchten ihr Territorium zu russifizieren, was so weit ging, dass russische Familien zwangsweise in eroberte Gebiete wie die baltischen Staaten umgesiedelt wurden. Ein Schritt, der bis heute zu Konflikten mit der russischen Minderheit führt, die nun in den unabhängigen baltischen Nationalstaaten lebt. Die Russifizierung war den starken nationalistischen Tendenzen in Verbindung mit der strengen russischen Herrschaft nicht gewachsen. Vielleicht hatten die Russen aber auch einfach nicht genug Zeit. Wer weiß, was passiert wäre, wenn ihr Imperium noch weitere hundert Jahre gedauert hätte.

Die Deutschen versuchten, ihre von Slawen bewohnten Gebiete zu germanisieren. Polnische Sprache und Kultur wurden unter der deutschen Herrschaft, die nach der Teilung Polens Ende des 18. Jahrhunderts begann, unterdrückt. Sie überlebte im Untergrund bis zur Wiederentstehung des polnischen Staates. Das Ziel war ein vereintes Großdeutschland, in dem die Deutschen die slawischen Gebiete besiedeln sollten. Zum Unglück für Deutschland wehrte sich das stolze polnische Volk gegen diese Bestrebungen.

Die Österreich-Ungarn hatten es noch schwerer, da es sich um ein verschmolzenes Reich zwischen den germanischen Österreichern auf der einen Seite und den von den Magyaren abstammenden Ungarn auf der anderen Seite handelte. Dennoch durften die Südslawen in ihrem Herrschaftsbereich keine eigenen nationalistischen Gefühle haben. Aufgrund dieser Dualität war es für das Reich schwierig, die anderen Völker, die es erobert hatte, zu assimilieren, was am Ende des Krieges sichtbar wurde, als das Reich vollständig zusammengebrochen war. Sie waren ein wahrhaft multikulturelles Imperium und akzeptierten dies. Die vielfältigen Kulturen, die im Reich lebten, akzeptierten jedoch die kaiserliche Herrschaft nicht.

Die Osmanen vertraten die gleiche Haltung, die Türken waren die dominierende Gruppe und ihre Abneigung gegen den Nationalismus der verschiedenen Völker, die in ihrem Territorium lebten, führte dazu, dass der Völkermord an den Armeniern während des Großen Krieges stattfand. Der berühmte Lawrence von Arabien hatte die Aufgabe, den arabischen Nationalgeist zu schüren, damit sie sich gegen ihre osmanischen Oberherren erheben würden. Schließlich standen die Osmanen während des Ersten Weltkriegs auf der Seite der Deutschen und Österreicher. Der Islam erwies sich als nicht stark genug, um ein einigendes Element zu sein und die arabischen Staaten erhoben sich gegen ihre osmanischen Oberherren.

Natürlich gibt es Ausnahmen und sogar freiwillige Unionen zwischen Nationen. Solche Unionen gehen jedoch in der Regel von einer Gleichheit zwischen den Nationen aus und können auch noch Jahrhunderte später Grund für Streitigkeiten sein.

Nehmen Sie das Beispiel des freiwilligen Zusammenschlusses der schottischen und englischen Kronen. Selbst nach 300 Jahren gibt es bei den Schotten eine große Gruppe, die die Unabhängigkeit will und 2014 dem Austritt aus dem Vereinigten Königreich ziemlich nahe kam, als 45 % der Menschen für den Austritt stimmten. Und das für ein Land, das sich nicht in einer Krise befand, das sich äußerlich sehr ähnlich ist und das seit drei Jahrhunderten vereint war. Die treibende Kraft hinter dem Referendum sind diese alten nationalistischen Gefühle. Diese Liebe zur schottischen Nation. Die Engländer waren klug genug gewesen, nicht zu versuchen, den schottischen Nationalismus zu unterdrücken, sondern sie als (mehr oder weniger) gleichberechtigt zu behandeln.

Hätte es zur gleichen Zeit schwerwiegendere wirtschaftliche Probleme oder einen militärischen Konflikt gegeben, ist es nicht unwahrscheinlich, dass die Schotten tatsächlich beschlossen hätten, die Union zu verlassen, in der England der dominierende Spieler ist und immer sein wird. Die Unsicherheit über ihre Zukunft innerhalb der Europäischen Union und die wirtschaftliche Stabilität waren weitere Gründe, mit "Nein" zu stimmen.

Eingeschränkte Demokratie, nur für die, die im Kernland leben, ist im Überseeimperium möglich. Für die Engländer ist es einfach, ein gewähltes Parlament zu haben, wenn nur die, die auf den britischen Inseln leben, wählen dürfen. Das schließt jeden, der in den Kolonien lebt, sofort aus und damit auch jegliche Unabhängigkeitsbewegungen oder andere Kämpfe.

Solche überseeischen Reiche sind insofern überschaubarer, als es eine klare Gruppe gibt, die alle anderen dominiert. Die mehr oder weniger gleichberechtigte Rolle, die die Kasachen oder Ukrainer im Russischen Reich einnehmen konnten, galt nicht für die Afrikaner oder Inder unter britischer Herrschaft.

Das Überseeimperium folgt dem Bild der Nation, mit zusätzlichen Territorien in Übersee, die es dominiert und aus denen es Reichtum extrahiert. Die Nation ist klar von den Kolonien getrennt. Dies erlaubt den überseeischen Imperien ein fortschrittlicheres Aussehen, da sie leicht unterschiedliche Regeln für das Heimatland und die Kolonien schaffen können. Russland könnte nicht einfach unterschiedliche Regeln für die Bewohner Moskaus und die Bewohner Kiews aufstellen, ohne Unruhen auszulösen.

Für Nationen, die sich von einem Imperium lösen, ist es einfacher, eine Demokratie zu etablieren. Wir können sehen, wie dies für die Niederlande geschah, als sie sich 1568 gegen Spanien auflehnten. Ihr ganzer Aufstand gegen die Spanier in ihrem Unabhängigkeitskrieg basierte auf ihrer gemeinsamen Identität als Niederländer.

Die Niederlande wurden erst nach den napoleonischen Kriegen zu einer Monarchie, da dies auf dem Wiener Kongress beschlossen worden war. Der Monarch hatte von Anfang an nur begrenzte Macht und wurde nur eingesetzt, um die alten Verhältnisse in Europa zu bewahren und revolutionären Tendenzen entgegenzuwirken.

Riesige Landstriche, die sich an das russische Kernland anschlossen, bildeten Russlands zusammenhängendes Imperium. Russland war eine der letzten vollständig autokratischen Regierungen in Europa. Das Hauptanliegen eines solchen Imperiums ist die Unterdrückung von Aufständen der verschiedenen Fraktionen innerhalb der Grenzen des Imperiums.

Die kommunistische Regierung, die den Zaren 1917 ablöste, verfolgte den gleichen Ansatz. Sie töteten noch mehr Bürger und regierten mit einer noch größeren Brutalität. Auch heute noch ist das Ausmaß der Demokratie in Russland umstritten, da viele in Putin eine Fortsetzung der Zaren und kommunistischen Diktatoren sehen.

Das andere demokratische Risiko für ein Landimperium besteht darin, dass eine dominante Gruppe wenig Interesse für die anderen hat und dadurch Unzufriedenheit auslöst. Die dominante Gruppe kann für das stimmen, was in ihrem Interesse ist, während sie die Augen vor den Interessen der Minderheiten verschließt. Das führt dazu, dass die Minderheiten bei der Durchsetzung ihrer Forderungen offener und gewalttätiger werden, da ihre Stimmen im Parlament ungehört bleiben. Die Minderheiten haben mit oder ohne Demokratie keinen Einfluss. Doch eine vorgetäuschte Demokratie kann sie noch mehr frustrieren.

Was ist mit dem Britischen Empire? Sie herrschten über die halbe Welt, aber nur die, die in Großbritannien lebten, waren wirklich von Bedeutung. Die Briten durften wählen, der Rest nicht. Da die Migration sehr eingeschränkt und leicht zu kontrollieren war, funktionierte dieses System, bis Großbritannien sein Empire im 20. Jahrhundert freiwillig auflöste.

Erst nach der Unabhängigkeit konnten die ehemaligen Kolonien eine wirkliche Demokratie erleben. Soweit es die Kolonien betraf, hatten sie unter einem Tyrannen gelebt. Was kümmerte es sie, dass das britische Volk diesen Tyrannen gewählt hatte? Niemand fragte sie nach ihrer Stimme in dieser Angelegenheit.

Die Belgier beherrschten den Kongo mit eiserner Faust, während sie gleichzeitig im Landesinneren die Grundlagen für einen Wohlfahrtsstaat aufbauten. Die Belgier zählten. Die Afrikaner nicht. Sie wurden ganz anders behandelt als die anderen.

Imperialismus für die Übersee-Imperien ist gleichbedeutend mit Unterdrückung. Imperialismus für die Landimperien ist gleichbedeutend mit dem Wunsch nach Assimilation, um soziale Unruhen zu verhindern. Unsere neue Mischung aus multikulturellen Mini-Imperien schafft neue Probleme. Werden die Regierungen noch repressiver werden? Da die sozialen Unruhen zunehmen, ist dies ein wahrscheinlicher Trend, und ein logischer Trend. Assimilation wäre die Alternative gewesen, aber sie hat versagt. Das Problem mit der Unterdrückung in unseren Mini-Reichen ist, dass man alle gleichermaßen unterdrücken muss. Es gibt keine Abgrenzung, keinen Ozean dazwischen. Die einheimische Bevölkerung wird genauso unterdrückt wie die Einwanderer.

Nationen sind die Lösung, die wir vergessen haben. Nach dem Ersten Weltkrieg bestand die Lösung im Versailler Vertrag darin, Europa in Nationen aufzuteilen. Man hatte erkannt, dass der Krieg durch übergroße Imperien und den Wunsch der europäischen Nationen, frei und unabhängig zu sein, verursacht worden war.

Erinnern Sie sich, dass ein Separatist vom Balkan, der die Monarchie von Österreich-Ungarn angriff, den ganzen Krieg auslöste. Daher entstanden nach 1918 viele neue Länder in ganz Europa. Es lohnt sich, eine Karte von Europa im Jahr 1914 und im Jahr 1918 zu betrachten. Die zusammenhängenden Landreiche sind verschwunden und neue Nationalstaaten sind entstanden. Finnland, Estland, Lettland, Litauen, Polen, die Tschechoslowakei (die in die Tschechische Republik und die Slowakei zerfallen würde), Jugoslawien (das später in kleinere Segmente zerfallen würde), Irland sowie Österreich und Ungarn als unabhängige Staaten.

Das Osmanische Reich war zusammengebrochen und bestand nun nur noch aus der Türkei, die alle ihre arabischen Gebiete verloren hatte. Der Nationalismus wurde nicht als Ursache des Krieges gesehen, sondern als Lösung des Krieges. Der Krieg war durch imperiale Streitigkeiten verursacht worden, das Streben nach Einfluss und

Beherrschung anderer Regionen.

Die Russen wollten ein panslawisches Imperium sein, weshalb sie die Verantwortung für die Sache der Serben übernahmen. Die Österreich-Ungarn weigerten sich, den Völkern des Balkans Souveränität und Selbstbestimmungsrecht zu gewähren. Die Briten fühlten sich durch den Aufstieg der deutschen Marine bedroht, da ihr Weltreich von der Seemachtüberlegenheit abhing. Frankreich wollte der dominierende Akteur auf dem europäischen Festland bleiben und sich für die erlittene Niederlage von 1871 rächen.

Dort hatte Frankreich den Deutsch-Französischen Krieg verloren, der die Gründung des deutschen Staates ausgelöst hatte, der zuvor ein schwaches, von Preußen geführtes Bündnis gewesen war.

Die Deutschen, die ihre neugewonnene Stärke und ihren Ruhm genossen, waren zu spät in das koloniale Spiel eingestiegen und wollten aufholen. Sie waren der Meinung, dass auch sie ein paar koloniale Besitztümer und den damit verbundenen Reichtum und das Prestige verdienten. Die Motivationen, die den Krieg auslösten, waren alle imperial, abzüglich der nationalistischen Motivation des serbischen Attentäters, der den Krieg auslöste. Doch kann man es den Serben verübeln, dass sie sich aus dem Joch des österreichisch-ungarischen Reiches befreien wollten?

Auch heute träumen die Menschen von einem Selbstbestimmungsrecht. In Norditalien gibt es Bewegungen, sich vom Süden zu trennen. Es gibt Bewegungen in

Katalonien, die sich vom Rest Spaniens abspalten wollen. All diese Menschen erkennen die Bedeutung einer eigenen Nation.

Die gleiche Lösung wurde für das jüdische Volk nach dem Zweiten Weltkrieg angewandt. Die Lösung für ihre Verfolgung, die sie in Europa erlitten, war, ihnen ihre Heimat zu gewähren, auf der sie sich niederlassen konnten. Israel wurde geschaffen, um den Konflikt zu reduzieren, der durch die in anderen Nationen lebenden Juden entstand. Und Israel möchte nun ein homogener jüdischer Staat bleiben; die oft gewünschte Ein-Staat-Lösung für den israelisch-palästinensischen Konflikt wäre wahrscheinlich überhaupt keine Lösung, da der Streit intern weitergehen würde.

In der Erkenntnis, wie wichtig es ist, ein Nationalstaat zu sein, legte Israel das "Nationalstaatsgesetz" vor, das zum Ziel hat, sicherzustellen, dass ein demokratisches Israel ein jüdisches Israel ist, denn wenn die Juden in Israel zu einer Minderheit werden, tötet es die ganze Essenz dessen, warum ihnen ihr eigenes Land gewährt wurde. Sie würden sich wieder als Minderheit wiederfinden.

Der Punkt hier ist, dass dies nicht nur für die Juden gelten sollte, sondern für alle Völker. Jeder sollte ein Heimatland haben, in dem sein Volk ein Recht auf Selbstbestimmung hat.

Die Demokratie funktioniert, wenn die Menschen mehr oder weniger in die Richtung gehen, in die sie das Land haben wollen. Alle wollen nach Norden, aber manche ein bisschen mehr nach Nordwesten und andere ein bisschen mehr nach

Nordosten. In einer multikulturellen Gesellschaft haben Sie plötzlich Menschen, die nach Osten, Westen, Norden und Süden wollen, die alle in entgegengesetzte Richtungen ziehen. Wenn Sie dafür gestimmt haben, nach Norden zu gehen, und Sie am Ende ein paar Grad mehr in Richtung Nordosten gehen, können Sie das akzeptieren. Es mag nicht perfekt sein, aber Sie bewegen sich mehr oder weniger in die richtige Richtung. Aber was passiert, wenn Sie nach Süden gehen wollen und sich stattdessen nach Norden bewegen? Sie gehen in die entgegengesetzte Richtung von dem, was Sie wollen, und werden frustriert, ungehört und verärgert. Das ist die Gruppe, die wahrscheinlich randaliert und mehr und mehr diktatorisch wird.

Regierungen beginnen, Demonstrationen von denen zu verbieten, die sie nicht hören wollen. Die polarisierenden Trends sind am deutlichsten in den Vereinigten Staaten zu sehen, wo Krawalle an der Tagesordnung sind. Paris brennt alle zwei Jahre, wenn jugendliche Migranten randalieren und Autos anzünden. Das alles wird häufiger werden, anstatt auf magische Weise zu verschwinden. Es wird alltäglicher werden, es sei denn, das Land befindet sich in einem solchen Chaos, dass man einen starken Mann sucht, der die Ordnung wiederherstellt.

Da die Antwort nicht Assimilation sein kann, wird die Antwort Unterdrückung sein. Wir haben den Nationalstaat aufgegeben und ihn gegen Mini-Reiche ausgetauscht. Regierungen werden mehr und mehr Kontrolle anstreben. Und ähnlich wie die verschiedenen Belegschaften, die sich mehr und mehr gewerkschaftlich organisieren, erlaubt der Ansatz des "Teile und Herrsche" auf der Ebene der

Bevölkerung der Regierung, mit Dingen durchzukommen, die sie vorher nicht tun konnte. Die Fähigkeit der Bevölkerung, sich zu wehren, wird reduziert. Demokratie und Gleichheit werden weiter erodieren; Prozesse, die bereits begonnen haben. Wir werden uns weniger frei fühlen und eine immer größere Last der Regierung auf unseren Schultern spüren. In kleinen Schritten verlieren wir unser so lange erkämpftes Recht auf Selbstbestimmung. Wir werfen alles weg, was sich unsere Vorväter so hart erkämpft haben.

"Einwanderung ohne Assimilation ist eine Invasion."

-Bobby Sindal

Quellen:

[1] http://onlinelibrary.wiley.com/doi/10.1111/j.1467-9477.2012.00289.x/abstract

[2] https://www.pewresearch.org/fact-tank/2019/07/22/key-findings-about-americans-declining-trust-in-government-and-each-other/

[3] https://www.theatlantic.com/ideas/archive/2020/01/confidence-democracy-lowest-point-record/605686/

[4] http://www.vox.com/polyarchy/2015/12/18/9360663/is-democracy-in-trouble

14. ORWELLSCHES NEUSPRECH

"Vielfalt ist der Motor für Erfindungen. Sie erzeugt Kreativität, die die Welt bereichert."

- Justin Trudeau, Premierminister von Kanada

Vielfalt ist nicht und war noch nie eine Stärke. Einheit ist Stärke und zu sagen, dass Vielfalt Stärke ist, lässt einen wie einen George Orwell Roman klingen. Krieg ist Frieden. Freiheit ist Sklaverei. Unwissenheit ist Stärke. Vielfältigkeit ist Stärke.

Ich kenne mindestens ein Land, dass dieser Prämisse nicht zustimmen würde: China. China erzwingt Assimilation und schafft eine vollständig han-chinesische Gesellschaft. Und, nun ja, scheint es nicht effektiv zu sein? Was auch immer man über China sagen möchte, man kann nicht sagen, dass sie schwach sind. Die meisten Strategen sehen einen bevorstehenden Konflikt um die Weltherrschaft zwischen den Vereinigten Staaten, dem derzeitigen Inhaber des Titels und dem aufsteigenden Stern China. Ihre Wirtschaft boomt, ihre Bürger werden immer reicher, ihr Militär wächst und ihr Einflussbereich weitet sich aus. In jeder messbaren Hinsicht zeigt China Stärke. Amerika hingegen kann leicht zum Opfer eines Spiels des Teilens und Eroberns werden. Die verschiedenen Fraktionen gehen sich bereits gegenseitig an die Gurgel und es ist schwer zu glauben, dass die Vereinigten Staaten einen längeren Konflikt aushalten können.

Natürlich sind unterschiedliche Standpunkte bei der Suche nach der Wahrheit willkommen. Es wird behauptet, dass Diversität diese bringt. Daher soll sie den Unternehmen in ihren Besprechungsräumen einen Vorteil bringen. Wie kann eine Gruppe alter weißer Männer bestimmen, was am besten zu tun ist?

Gruppendenken ist nicht hilfreich, da kann eine vielfältige Denkweise, gefüllt mit Skepsis, Debatte und Wahrheitsfindung, nützlich sein. Die Sache ist die, dass man in jeder Ethnie Menschen mit unterschiedlichen Überzeugungen, Werten und Ideen haben kann, die bereit sind, darüber zu streiten.

Es hat mehr damit zu tun, dass man bereit ist, anderer Meinung zu sein, dass man skeptisch ist und dass nicht alle unter der gleichen Indoktrination leiden. Wie Erin Meyer in ihrem Werk "The Culture Map" beschreibt, sind solche Tendenzen stark kulturell geprägt.

Thomas Sowell sagte einmal: "Wenn Ihnen das nächste Mal ein Akademiker erzählt, wie wichtig Vielfalt ist, fragen Sie ihn, wie viele Republikaner es in seiner Soziologieabteilung gibt." Diversität bricht nicht unbedingt das Gruppendenken auf, aber andere Maßnahmen können es.

Diversität kostet Geld. Das IFO-Forschungsinstitut mit Sitz in München schätzte bereits 2015, dass die Migrantenkrise Deutschland auf der konservativen Seite 11 Milliarden USD kosten würde. Das entspricht einer sofortigen Erhöhung der jährlichen Ausgaben um 3 %. Keine unbedeutende Zahl. Und diese Kosten werden wiederkehren, wenn die Zuwanderung zurückgeht. [1] Um eine syrische Familie in die Vereinigten Staaten umzusiedeln, liegen die Kosten bei einer Viertelmillion US-Dollar für die ersten fünf Jahre. Der größte Teil dieser Kosten ist die Sozialhilfe. Das ist mehr, als der Durchschnittsbürger in einem ganzen Leben an Steuern zahlt. [2] [3] Eine Studie für das Vereinigte Königreich schätzt, dass jeder Flüchtling jedes Jahr 24.000 britische Pfund kostet. Und diese Kosten enden nicht nach dem ersten Jahr. [4] In Norwegen werden die Kosten mit $24.000 pro Jahr berechnet, was sich zu $660.000 Lebenszeitkosten summiert. [5] [6]

In einem Bericht der dänischen Regierung heißt es, dass die relativ strengen Einwanderungsgesetze in Dänemark dazu beigetragen haben, 6,7 Milliarden Euro einzusparen. Das ist kaum überraschend, da die Lebenszeitkosten für die Regierung für die Aufnahme von nicht-europäischen Migranten bei 450.000 USD zu liegen scheinen. [7]

Diversität tötet die Zivilgesellschaft. Robert Putnam, ein liberaler Soziologe in Harvard, fand heraus, dass zunehmende Vielfalt die Zivilgesellschaft zersetzt, indem sie gemeinsame Werte, Bräuche und Institutionen untergräbt.

Um einen Teil des abstrakten Abschnitts seiner Forschung zu zitieren: "Die ethnische Vielfalt nimmt in den meisten fortgeschrittenen Ländern zu, vor allem durch die starke Zunahme der Einwanderung. Langfristig werden Einwanderung und Vielfalt wahrscheinlich wichtige kulturelle, wirtschaftliche, steuerliche und entwicklungspolitische Vorteile haben. Kurzfristig jedoch neigen Einwanderung und ethnische Vielfalt dazu, soziale Solidarität und soziales Kapital zu verringern. Neue Erkenntnisse aus den USA deuten darauf hin, dass in ethnisch vielfältigen Stadtvierteln Bewohner aller Rassen dazu neigen, sich zu "verstecken". Das Vertrauen (sogar in die eigene Rasse) ist geringer, Altruismus und gemeinschaftliche Kooperation sind seltener, Freunde gibt es weniger. [8] [9]

Andere Forschungen zeigen auch, dass (aufgrund unserer Tendenz, zu suchen, wer uns ähnlich ist und wer uns nahe steht) eine Zunahme der Vielfalt in einer Nachbarschaft tatsächlich deren Zusammenhalt verringert. Mit der abnehmenden Bereitschaft zur Zusammenarbeit kommt als Nebeneffekt, dass sie sich negativ auf die Umwelt auswirkt, da es keine gemeinsamen Anstrengungen zur Lösung von Umweltproblemen gibt. Langfristig untergräbt die Zuwanderung das gesellschaftliche Vertrauen. [10] [11]

Homogenität hingegen scheint das Vertrauen innerhalb einer Gesellschaft aktiv zu fördern und damit zu einer besseren Regierungsführung, mehr Wohlstand und mehr Einkommensgleichheit zu führen. [12] [13]

Sie verringert nicht nur den Zusammenhalt, sondern erhöht sogar psychotische Tendenzen. Was ist, wenn der moderne Anstieg der Angst durch Menschen verursacht wird, die in verschiedenen Städten leben? [14]

Es wird erwartet, dass der Gesamtindex der menschlichen Entwicklung für Schweden in den kommenden Jahrzehnten sinken wird, obwohl es im Moment eines der bestplatzierten Länder der Welt ist. Es wird erwartet, dass er in einer Zeit sinkt, in der die meisten anderen Länder weiter ansteigen.

Was genau ist der HDI? Nun, "Der HDI wurde geschaffen, um zu betonen, dass die Menschen und ihre Fähigkeiten das ultimative Kriterium für die Beurteilung der Entwicklung eines Landes sein sollten, nicht das Wirtschaftswachstum allein. Der HDI kann auch verwendet werden, um nationale politische Entscheidungen zu hinterfragen... Diese Kontraste können eine Debatte über die Prioritäten der Regierungspolitik anregen. Der Human Development Index (HDI) ist ein zusammenfassendes Maß für die durchschnittliche Leistung in den Schlüsseldimensionen der menschlichen Entwicklung: ein langes und gesundes Leben, Wissen und ein angemessener Lebensstandard. Der HDI ist das geometrische Mittel der normalisierten Indizes für jede der drei Dimensionen." [15] [16]

Letztendlich geht es nicht um Vielfalt. Es geht darum, die einheimischen Bewohner, die ihre Wurzeln in Europa haben, zu entfernen, da sie ersetzt werden. Ist ein Stadtviertel in Luton jetzt vielfältiger, weil es mit Indern statt mit einheimischen Briten gefüllt ist?

Europa hat sich seit Jahrhunderten gegen Invasionen von außen gewehrt. Die Europäer kamen zusammen, um die Armeen der Mongolen, der Osmanen und der Araber zu besiegen. Doch haben sie Europa nicht doch erobert? Leben sie nicht dort? Bestimmen sie nicht, wie Europa in den kommenden Jahrzehnten aussehen wird?

Oder wie die französische Politikerin Marine Le Pen feststellt: "Für diejenigen, die viel über den Zweiten Weltkrieg reden wollen, wenn es um Besatzung geht, dann könnten wir auch darüber reden (muslimische Gebete in den Straßen), denn das ist eine Besetzung von Territorien. Es ist eine Besetzung von Teilen des Territoriums, von Bezirken, in denen religiöse Gesetze gelten. Es ist eine Besetzung. Es gibt natürlich keine Panzer, es gibt keine Soldaten, aber es ist trotzdem eine Besatzung und sie belastet die Anwohner schwer. Einwanderung ohne Assimilation ist eine Invasion. Krieg ist kein Frieden. Zwei plus zwei ist nicht fünf. Vielfalt ist keine Stärke.

"Divide et impera."

"Teile und herrsche."

Quellen:

[1] http://www.nbcnews.com/storyline/europes-border-crisis/refugee-crisis-unease-mixes-empathy-germany-n433106

[2] http://cis.org/High-Cost-of-Resettling-Middle-Eastern-Refugees

[3]
https://www.forbes.com/sites/moneybuilder/2011/03/17/how-much-do-you-pay-in-taxes-over-your-lifetime/#8ead39e6e953

[4] http://www.telegraph.co.uk/news/politics/11941580/Each-Syrian-refugee-to-cost-Britain-24000-a-year.html

[5]
https://www.ssb.no/a/publikasjoner/pdf/rapp_201215/rapp_201215.pdf

[6] http://cis.org/High-Cost-of-Resettling-Middle-Eastern-Refugees

 [7] http://www.spiegel.de/international/europe/putting-a-price-on-foreigners-strict-immigration-laws-save-denmark-billions-a-759716.html

[8] http://onlinelibrary.wiley.com/doi/10.1111/j.1467-9477.2007.00176.x/abstract

[9] https://www.nationalreview.com/2018/01/diversity-our-strength-it-true/

[10] http://sf.oxfordjournals.org/content/93/3/1211.abstract

[11] http://esr.oxfordjournals.org/content/21/4/311.short

[12] https://link.springer.com/article/10.1007/s10640-012-9619-6

[13] http://www.citylab.com/housing/2013/11/paradox-diverse-communities/7614/

[14] http://bjp.rcpsych.org/content/201/4/282.full

[15] http://hdr.undp.org/en/content/human-development-index-hdi

[16] http://ww.rrojasdatabank.info/HDRP_2010_40.pdf

15. UNSERE ERBSÜNDE

"Diejenigen, die glauben, dass Europa für die Welt da ist, haben nie erklärt, warum dieser Prozess in eine Richtung gehen sollte: warum Europäer, die irgendwo anders auf der Welt hingehen, Kolonialisten sind, während der Rest der Welt, der nach Europa kommt, gerecht und fair ist."

— Douglas Murray

Wenn alle anderen Argumente der Migrationsbefürworter versagt haben, bleiben sie bei ihrem letzten Gegenargument. Das Gegenargument der Schuld. Es impliziert, dass es keine Rolle spielt, ob die Migration gut oder schlecht für das Land ist, denn egal, es ist ein Opfer, das das Land und die Menschen bringen müssen.

Die Schuld kommt in der europäischen und der amerikanischen Variante. Die amerikanische Schuld konzentriert sich auf den Völkermord an den amerikanischen Ureinwohnern, verbunden mit der Einführung der Sklaverei. Die europäische Schuld konzentriert sich auf den Holocaust, verbunden mit einer Tradition des Kolonialismus. Der Holocaust und der Völkermord an den amerikanischen Ureinwohnern besagt, dass die weißen Europäer vorsätzlich und systematisch die Angehörigen einer anderen Rasse getötet haben; das ist die Erbsünde, für die sie Buße tun müssen.

Der zweite Teil ist der, dass sie sich Land genommen haben, das ihnen nicht gehörte, was dazu dient, den Europäern zu unterstellen, dass sie es auch nicht verdienen, ihr Heimatland für sich zu behalten. Erst vor ein paar Tagen war ein Freund zu Besuch und wir diskutierten über diese Themen, sofort widerlegte er die Idee, dass die Einwanderung ein Problem sei, indem er sagte, dass Frankreich nur sich selbst die Schuld daran gebe. Immerhin haben sie halb Afrika kolonisiert. Er räumte aber auch ein, dass die Franzosen seit dem Ende der Kolonisation Milliarden an Hilfsgeldern nach Afrika geschickt haben, um den Aufbau des Kontinents zu unterstützen.

Können die Schulden zurückgezahlt werden? Die vorgeschlagenen Maßnahmen zur Schuldentilgung entsprechen denen des antiken Königs von Babylon, Hammurabi, sofern ein Bedürfnis nach Schuld besteht. Auge um Auge, Zahn um Zahn. Sie sind in mein Land eingedrungen, ich in Ihres. Ein Problem dabei ist, dass viel weniger Franzosen jemals in Afrika siedelten, als es heute Afrikaner in Frankreich gibt. Und die Franzosen, die sich niederließen, haben den afrikanischen Kontinent längst verlassen. Es gibt keine französischen Städte in Afrika, keine bedeutenden französischen Minderheiten, die mit ihren Stimmen die Wahlen beeinflussen.

Wenn es eine Schuld gibt, eine Schuld gegenüber diesen unterdrückten Menschen, dann sollte es eine vereinbarte Regelung geben, die die Schuld abnimmt. Wie viele Migranten müssen nach Europa ziehen, damit ihnen die vergangene Aggression verziehen wird? An welchem Punkt können wir sagen, dass die Schuld erlassen ist?

Wenn ich Ihnen einen Kredit von zehn Euro gebe und Sie diese zehn Euro zurückgezahlt haben, kann ich nicht weiter behaupten, dass Sie mir zusätzliche Zinsen schulden, ich kann nicht behaupten, dass Sie mir noch etwas für meine Opportunitätskosten schulden. Genauso, wenn ich Ihnen zehn Euro stehle und Sie mich erwischen und ich diese zehn Euro zurückzahle, können Sie mich vor Gericht bringen und ich werde bestraft. Vielleicht muss ich eine zusätzliche Geldstrafe zahlen; vielleicht muss ich ins Gefängnis. Auf jeden Fall wird mir klar gemacht, was nötig ist, um meine Schuld zu tilgen. Nach meiner Gefängniszeit bin ich wieder frei. Sie können nicht zehn Jahre später zurückkommen und behaupten, ich schulde Ihnen immer noch Geld für mein Verbrechen. Ihre Kinder können nicht zu meinen Kindern kommen und behaupten, dass sie ihnen Geld schulden, für das Geld, dass ich von ihrem Vater gestohlen habe; Geld, dass ich vor Jahren zurückgegeben hatte. Wir sind uns alle einig, dass das ungerecht wäre.

Der Rest von Europa, was haben sie getan? Die Schuld ist auch für viele europäische Länder unangebracht.

Kolonialismus wurde von einer Minderheit europäischer Nationen praktiziert, hauptsächlich von den Briten und den Franzosen. Deutschland, Italien, Portugal, die Niederlande und Belgien kämpften um die übrig gebliebenen Reste der Welt. Schweden, Norwegen, Dänemark, Island, Polen, Ungarn und so weiter und so fort, beteiligten sich nicht am kolonialen Anschneiden des globalen Kuchens. Viele der osteuropäischen Länder wurden selbst erobert, entweder von den Russen, Deutschen, Osmanen oder anderen. Sie litten jahrhundertelang unter Sklavenüberfällen und Unterwerfung.

Den Holocaust haben allein die Deutschen durchgeführt, ohne dass sich eine andere europäische Nation freiwillig daran beteiligt hätte. Selbst dann war dem deutschen Volk selbst der Holocaust nicht bewusst, als er stattfand. Die Mehrheit der Deutschen hatte nicht einmal für Hitler als Herrscher gestimmt. Adolf Hitler und seine NSDAP hatten keine absolute Mehrheit im Parlament, bevor sie die Macht ergriffen und eine diktatorische Herrschaft errichteten. Kann man also sagen, dass ganz Europa oder gar ganz Deutschland eine Schuld daran trägt? Haben nicht die Deutschen während des Zweiten Weltkriegs gelitten? Haben nicht alle anderen europäischen Länder während dieses Krieges gelitten?

Wo endet die Schuld? Wenn wir sagen, dass ganze Völker für die Schuld ihrer Vorfahren geopfert werden müssen, wo hört dann die Schuld auf? Warum scheint sich diese Schuld nur auf die Europäer zu konzentrieren, die ihr Territorium aufgaben?

Müssen sich die Franzosen für Napoleon schuldig fühlen? Die Russen für den Holodomor, den Völkermord an den Ukrainern. Die Schweden für die Wikinger. Die Araber für ihre expansiven Kalifate. Die Türken für den Völkermord an den Armeniern in der letzten Phase des Osmanischen Reiches. Die Osmanen für ihre Rolle im Sklavenhandel? Die Mazedonier oder Griechen für die Eroberungen Alexanders des Großen.

Gibt es eine magische Linie, die die Schuld um 1939 schneidet und alles davor ist vergeben? Nun, alles davor, außer den Untaten, die auf Kontinenten außerhalb Europas stattfanden, natürlich. Die scheinen keine zeitliche Begrenzung zu haben, wo sie verjähren.

"Nur Europäer und ihre Nachkommen erinnern sich an Schuld. Also haben nur Europäer und ihre Nachkommen kontinuierlich zu sühnen."

— Douglas Murray

Außerdem, wenn die Schweden eine Schuld dafür tragen, gewalttätige Wikinger gewesen zu sein, warum müssen sie dann diese Schuld abtragen, indem sie somalische Migranten aufnehmen. Sollten die Schweden nicht Reparationen an Frankreich für die Eroberung der Normandie zahlen? Sollten sie nicht Reparationen an Sizilien und Süditalien für die Eroberung dieser Länder zahlen? Sollten die Menschen mit skandinavischer DNA in diesen Regionen vertrieben und als Nachkommen böser Invasoren behandelt werden, die sich ihren Weg durch das Land geplündert und vergewaltigt haben?

Das wäre Wahnsinn, aber die aktuelle Theorie, dass die Europäer für ihre Verbrechen bezahlen müssen, ist nicht weniger wahnsinnig.

Niemand, der heute lebt, hatte etwas mit dem Kolonialismus oder seinen Verbrechen zu tun. Die letzten Menschen, die am Holocaust beteiligt waren, sind am Aussterben. Heißt das, dass wir nach hundert Jahren bereit sind zu verzeihen? Mir kommt ein katholisches Gebet in den Sinn, über die Vergebung von Schulden.

"Vater unser,
der Du bist im Himmel,
geheiligt werde Dein Name;
Dein Reich komme;
Dein Wille geschehe, wie im Himmel so auf Erden.
Unser tägliches Brot gib uns heute;
und vergib uns unsere Schuld, wie auch wir vergeben
unsern Schuldigern;
und führe uns nicht in Versuchung, sondern erlöse uns
von dem Bösen."

Vergib uns unsere Schuld, wie auch wir vergeben unseren Schuldigeren. Es hat keinen Sinn, ein ewiges Spiel mit dem Festhalten von Schuld und dem Erzeugen von Schuld zu spielen. Die Täter wurden bestraft oder sind längst verstorben. Ihre Kinder und Enkelkinder haben versucht, die Dinge wieder gut zu machen. Sagen Sie jetzt, dass es genug ist; dass es an der Zeit ist, weiterzugehen. Sagen Sie, dass, auch wenn die Schuld nicht zurückgezahlt wurde, was schwer zu beweisen ist, da es schwierig ist, die begangenen Verbrechen zu quantifizieren, sagen Sie dennoch, dass, auch wenn sie nicht zurückgezahlt wurde; dass sie vergeben wurde.

Sind die Menschen schuldig oder sind sie Opfer. Die arme Bevölkerung Nordkoreas wird als aus Opfern bestehend gesehen, nicht als ein Volk, dass die Last und Schuld für jedes Vergehen seiner Regierung trägt. Der koreanische Bauer wird nicht als verantwortlich für die Existenz von Umerziehungslagern gesehen, in denen Menschen wegen Ungehorsam zu Tode gearbeitet oder erschossen werden. Niemand würde argumentieren, dass die Bevölkerung, nachdem sie eine kommunistische Diktatur durchlitten hat, noch weiter bestraft werden muss, nachdem das Land vom kleinen Raketenmann befreit wurde. Ein Tag, der hoffentlich bald kommen wird, auch wenn es vielleicht noch ein paar Jahrzehnte dauern wird.

Die größten Opfer von Hitlers Krieg waren die Europäer. Zig Millionen Europäer fanden den Tod, wurden vergewaltigt oder erlebten andere Kriegsverbrechen. Diese Menschen haben Hitler nicht an die Macht gewählt, viele haben stattdessen gegen ihn und seine Armeen gekämpft. Sie wünschten sich keinen Krieg, sie träumten vom Frieden. Sie wünschten den Völkermord an den Juden nicht, sie waren sich der Gräueltaten, die begangen wurden, gar nicht bewusst. Auch die Soldaten, die in den Krieg eingezogen wurden oder die Freiwilligen, die durch die Propaganda getäuscht wurden, können nicht für etwas verantwortlich gemacht werden, dessen sie sich nicht bewusst waren.

Die Polen waren selbst große Opfer des Krieges. Doch jetzt, als Teil der Europäischen Union, werden sie gezwungen, ironischerweise von den Franzosen und

Deutschen, Migranten aufzunehmen, die Polen nicht will. Warum muss Polen diese Last auf sich nehmen? Ein Volk, das den größten Teil seiner Geschichte gelitten hat, ein Volk, dass fast für immer von der Landkarte getilgt wurde, nachdem seine Nachbarn beschlossen hatten, das polnische Land zu teilen.

Die Niederländer mögen eine Schuld gegenüber den Indonesiern tragen, von denen sie Hunderttausende aufgenommen haben, aber sie besaßen keinen Besitz in Afrika. Sie hatten dort keine Präsenz, abgesehen von ein paar Farmer-Siedlern in Südafrika, die unfruchtbares und verlassenes Land besetzten. Welche Schuld tragen sie, die durch die Migration der syrischen Migranten entlastet wird? Die meisten Kolonialreiche haben ihre Grenzen für diejenigen geöffnet, die aus den Ländern kamen, die sie erobert hatten. Warum sollten sie ihre Grenzen für Menschen aus jeder anderen Nation der Erde öffnen? Und selbst wenn, warum sollten die Briten jedem Inder und Pakistani erlauben, sich im Vereinigten Königreich niederzulassen? Die meisten von ihnen wurden ohnehin erst geboren, nachdem diese Länder ihre Unabhängigkeit erlangt hatten.

Auch das Argument, dass das alles Menschen in Not sind, Flüchtlinge sozusagen, zieht nicht. Viele täuschen vor, Flüchtlinge aus einem Kriegsgebiet zu sein und kommen stattdessen aus sicheren Ländern. Wie kann man ohne Pass überprüfen, woher jemand wirklich kommt? Mehr als 30% der Migranten, die behaupteten, aus Syrien zu kommen, waren wahrscheinlich betrügerisch. [1]

Hinzu kommt, dass von den Flüchtlingen, die behaupten, minderjährig zu sein, um mehr Nachsicht bei ihrem Antrag auf Einreise ins Land zu erhalten, anscheinend über 80 % von ihnen lügen. Ihre zahnärztlichen Aufzeichnungen zeigen, dass ihre Weisheitszähne in der Tat voll entwickelt sind und der Zahnarzt, der bestätigte, dass ihr Alter über achtzehn ist, wurde entlassen, weil er die Wahrheit aufdeckte. [2]

Es scheint, dass solche Details als irrelevant angesehen werden. Die Zusammenfassung ist folgende: Europa ist schlecht und muss leiden. Andere Völker wurden im Laufe der Geschichte unterdrückt und haben nun ein Recht darauf, zu beanspruchen, was immer sie wollen, ein Recht zu leben, wo immer sie wollen. Diese Theorie ist rein selbstmörderisch für Europa und bringt den Kontinent in eine völlig unterwürfige Position. Eine solche Position bedeutet das Ende Europas, seiner Kultur und seiner Menschen.

Die Schuld begrenzt die Zukunft Europas. Die Schuld wird in den Medien, Filmen, Büchern und in der Politik immer wieder wiederholt. Die Europäer sollen ständig an ihre Sünden erinnert werden, mit ihrer Schuld indoktriniert werden. Die Sünde hängt über ihrem Kopf und schränkt ihre Bewegungsfreiheit ein, sie schränkt die Entscheidungen ein, die sie treffen dürfen.

Einige moderne Philosophen argumentieren, dass Europa, als es das Christentum verließ, auch seinen Weg zur Vergebung verließ. Nun steckt es in einer Endlosschleife der Selbstgeißelung fest. Da es in der Vergangenheit gesündigt hat, kann es keinen Frieden finden.

Vergebung bedeutet nicht, dass wir die Vergangenheit vergessen müssen. Wir können die Erinnerung wach halten, aber wir müssen den Groll loslassen. Europäer und ihre Nachkommen in Übersee sind in Kriegen gestorben, haben erniedrigende Arbeit in Fabriken geleistet, haben Kinderarbeit erlebt, waren Leibeigene, waren Bauern. Sie wurden ausgebeutet, getötet, als Sklaven benutzt, sie haben gelitten, geblutet und sind gestorben. Und jetzt, eigentlich erst seit 1800, sind sie mächtig und haben Reichtum erlangt. Ein Reichtum, den sie bereits wieder abgeben, erst an die Japaner, jetzt an die Chinesen und Koreaner. Niemand würde es wagen, vor dem Jahr 1500 von weißem Privileg zu sprechen.

Die Westler bauten die moderne Welt auf und genossen die Früchte ihrer Arbeit. Sie haben seitdem die Frauen emanzipiert, alle Rassen gleichgestellt und den freien Handel auf globaler Ebene vorgeschlagen. Unsere moderne Zivilisation, zusammen mit dem Frieden und der insgesamt geringen Gewalt, sind eine direkte Folge davon. Moderne Medizin, moderne Friedensbemühungen. Wenn Sie den weißen Männern die Schuld geben wollen, dann geben Sie ihnen auch Anerkennung, wo Anerkennung fällig ist. Und jetzt werden Sie vielleicht denken, dass das seltsam ist, weil nicht alle Männer an diesen Bemühungen beteiligt waren.

In der Tat haben die meisten weißen Männer nichts mit der modernen Medizin und anderen Erfindungen zu tun. Verdienen sie also irgendeine Anerkennung? Nun... Vielleicht nicht. Aber das bedeutet, dass sie auch nicht die Schuld verdienen! Schuld und Anerkennung sollten nicht an Kollektive gegeben werden, die in der Lage sind, über

Generationen daran festzuhalten.

"Verletzungen können verziehen, aber nicht vergessen werden."

-Aesop

Quellen:

[1]
http://www.telegraph.co.uk/news/worldnews/europe/german
y/11891219/Refugee-crisis-Many-migrants-falsely-claim-to-
be-Syrians-Germany-says-as-EU-tries-to-ease-tensions.html

[2] https://www.rt.com/news/432606-swedish-dentist-
underage-migrants/

16. AUF DER SUCHE NACH DER VERLORENEN NATION

"Große Reiche werden nicht durch Zaghaftigkeit erhalten."

— Tacitus

Der durchschnittliche Mensch erkennt die Nützlichkeit von Grenzen und das Leben unter seinen eigenen Leuten. Doch die internationalen Globalisten sind sich einig in ihrem Wunsch, alles niederzureißen. Sie werden uns nicht eine Welt der Harmonie, des Friedens und der Gleichheit bringen. Sie werden Chaos, Unterdrückung und Armut bringen.

Der Ort, an dem wir echte und wertvolle Vielfalt finden, ist zwischen den Nationen. Das ist es, was das Reisen so interessant macht, tatsächlich verschiedene Völker und Kulturen zu besuchen. Manche werden sagen, dass die Migrationsströme seit Jahrhunderten oder gar Jahrtausenden eine einzige Horde von Menschen geschaffen haben. Sie unterstellen, dass es so etwas wie die Griechen oder die Deutschen nicht gibt, dass es so etwas wie die Chinesen oder die Peruaner nicht gibt. Diese antiken Migrationsströme sind jedoch weit weniger einflussreich, als gemeinhin angenommen wird. Tatsächlich haben die Griechen, die heute in Griechenland leben, die gleiche DNA wie die antiken minoischen Griechen. Eine kretische Zivilisation, von der angenommen wird, dass sie am Trojanischen Krieg teilgenommen hat, benannt nach dem legendären König Minos, der für den mythologischen Minotaurus bekannt ist. [1]

In ähnlicher Weise hat das jüdische Volk, selbst nach Jahren des Lebens unter den europäischen Völkern, seine DNA beibehalten. Wenn Sie einen Abstammungs-DNA-Test machen, wird er Ihnen tatsächlich den Prozentsatz der jüdischen DNA in Ihrem Blut zeigen. Darüber hinaus kann diese DNA auf der väterlichen Seite bis in die Levante zurückverfolgt werden, dem Ort der alten verheißenen Heimat des jüdischen Volkes.

Apropos DNA-Tests: Sie sind sehr genau darin, Sie über die Region zu informieren, aus der Ihre Vorfahren stammen, und können bestimmte Länder hervorheben. Wenn wir alle schon ein gemischter Haufen wären, ohne irgendwelche Besonderheiten, wäre das unmöglich. Es gibt sogar sichtbare Marker, an denen wir erkennen können, dass sich das Durchschnittsgesicht von Land zu Land unterscheidet. Die Tibeter haben ein Gen entwickelt, dass es ihnen erlaubt, mit den großen Höhen des tibetischen Plateaus zurechtzukommen. Eine wunderbare Anpassung an die

Umwelt. Die Trennung der Völker auf der Welt hat eine wunderbare Vielfalt entstehen lassen.

Die aktuellen Migrationsströme jedoch werden die Geschichte für immer verändern. Sie sind etwas, dass es in diesem Ausmaß noch nie gegeben hat und noch nie waren sie so einseitig. Die verschiedenen Ethnien, Völker, Kulturen, wie auch immer Sie es nennen wollen; erlauben Sie ihnen, weiterhin zu existieren und sich selbst zu regieren. Erlauben Sie ihnen das Recht, ihr eigenes Schicksal zu wählen. Und erlauben Sie anderen Völkern, ihr eigenes zu wählen. Einige werden erfolgreicher sein als andere, aber wir können nicht im Voraus sagen, wer auf lange Sicht triumphieren wird. Lassen Sie uns aufhören, die gleichen Fehler wie in der Vergangenheit zu machen. Die Fehler des Römischen Reiches, die Fehler des Russischen Reiches und jedes anderen Reiches in der Geschichte. Ihr Fehler war der Versuch, die Menschen gewaltsam durch das Reich zu treiben, nationalistische Tendenzen zu zerstören und Aufstände zu unterdrücken. Wir leiden immer noch unter diesen Fehlern, mit Minderheiten, die über Grenzen hinweg leben und soziale Unruhen verursachen.

Wir können das Scheitern des Schmelztiegels in den Vereinigten Staaten sehen. Im Laufe der Jahre scheinen die sozialen Unruhen eher zu- als abzunehmen. Unterschiedliche Gruppen stehen sich immer feindlicher gegenüber und Integration scheint nur noch in einer mythischen Vergangenheit zu existieren. Kann man sagen, dass der amerikanische Schmelztiegel eine Verbesserung der menschlichen Situation darstellt? Das Land, dass die Welt dominiert, scheint innerlich zu zerbrechen und es gibt ständige Befürchtungen, dass die Demokratie zum Stillstand kommt. Ist das die Zukunft, die wir wollen? Ist das ein wünschenswertes Ergebnis?

Der Schmelztiegel wird oft als Erfolg gefeiert, wie man sehen kann, als Ronald Reagan sagte: "Kurz bevor ich aus dem Amt schied, erhielt ich einen Brief von einem Mann. Ich weiß nicht, warum er sich entschieden hat, ihn zu schreiben, aber ich bin froh, dass er es getan hat. Er schrieb, dass man gehen kann, um in Frankreich zu leben, aber man kann kein Franzose werden. Man kann gehen, um in Deutschland oder Italien zu leben, aber man kann kein Deutscher oder Italiener werden. Er ging durch die Türkei, Griechenland, Japan und andere Länder. Aber er sagte, dass jeder, aus jeder Ecke der Welt, kommen kann, um in den Vereinigten Staaten zu leben und ein Amerikaner zu werden."

Die Sache ist, dass dies für die Deutschen, Franzosen und Italiener zutrifft. Doch die Japaner werden keine Amerikaner sein, sie werden Asiaten-Amerikaner sein. Der Afrikaner wird nicht Amerikaner sein, er wird Afro-Amerikaner sein. Es gibt klare Linien. Das europäische Amerika vereinigte sich und wurde zu Amerikanern, die anderen Gruppen behalten jedoch ihre einzigartigen Identitäten.

Ich habe versucht, den Wert von Nationalstaaten in mehreren Kapiteln des Buches zu thematisieren. Dieses Kapitel ist dazu da, um deutlich zu machen, dass Nationalstaaten und Nationalitäten eine reale Sache sind, die sich nicht nur durch genetische Tests zeigt, sondern auch von jedem, der einer Nation angehört, gefühlt wird. Es ist der Ort, an dem wir uns zu Hause fühlen, anstatt uns als Außenseiter zu fühlen. Ein angenehmes Gefühl. Ein Gefühl, das es wert ist, bewahrt zu werden. Die Bedeutung des Nationalstaates wird auch in einem Werk von Thierry Baudet herausgearbeitet. Es ist zwar schon ein Jahrzehnt her, dass ich das Buch gelesen habe, aber sein Werk "Aanval op de Natiestaat" (Angriff auf den Nationalstaat) erklärt deutlich, wie Globalisten versuchen, etwas so Wertvolles zu zerstören. Für Leute wie George Soros sind nationale Grenzen nur ein Hindernis.

Der niederländische Politiker Thierry Baudet, Gründer einer neuen rechtsgerichteten Partei namens "Forum für Demokratie", hat gesagt: "Ich möchte nicht, dass Europa afrikanisiert wird (...) Ich möchte, dass Europa dominant weiß bleibt und kulturell so bleibt, wie es ist." Und die Frage, die wir uns stellen müssen, ist die folgende: Ist ein solcher Wunsch wirklich absurd? Ist er rassistisch? Ist er extrem? Oder können wir zugeben, dass es in der Tat natürlich ist, dass wir versuchen, unsere Heimatländer zu erhalten?

"Europa gehört den Europäern."

- Dalai Lama

Quellen:

[1] https://www.sciencemag.org/news/2017/08/greeks-really-do-have-near-mythical-origins-ancient-dna-reveals

17. DER WEG NACH VORN

"Die Trennlinie verläuft nicht mehr zwischen links und rechts, sondern zwischen Globalisten und Patrioten."

-Marine Le Pen

Die von uns vorgeschlagene Politik hat das Ziel, die Zuwanderung auf diejenigen zu beschränken, die aus der nahen Region kommen und wegen eines gefundenen Arbeitsplatzes umziehen wollen. In Europa ist eine solche Einwanderung bereits durch die Europäische Union erlaubt, wobei jeder EU-Bürger in jedem anderen EU-Land arbeiten kann. Das Gleiche gilt für die Vereinigten Staaten, wo Menschen häufig über die Staatsgrenzen hinweg umziehen. Dies wird in den Vereinigten Staaten dadurch erleichtert, dass sie eigentlich eine Regierung, eine Sprache und eine Währung haben. Die Europäische Union hat teilweise die gleiche Währung, eine seltsame Mischung von Regierungen und viele verschiedene Sprachen.

Die Einwanderung von außerhalb der EU sollte eingeschränkt und für jedes Land einzeln diskutiert werden. Die Einwanderung aus christlichen europäischen Ländern, die noch nicht in der EU sind, wäre günstig im Vergleich zu Einwanderern aus weiter entfernten Ländern, da sie mehr Probleme mit der Integration haben werden. Für die Vereinigten Staaten wäre es sinnvoll, die Migrationsströme aus Europa zu erleichtern und umgekehrt. Dies würde einen starken Wirtschaftsblock mit einem ausreichend großen Arbeitskräftepool schaffen. So sah die Einwanderung in die USA bis 1965 aus, als die Gesetze geändert wurden und die Einwanderer aus Südamerika die europäischen Migranten ersetzten.

Illegale Einwanderer müssen nach Hause zurückgeschickt werden oder in eine spezielle Zone, von der aus sie zurückgehalten werden können. Liberia wurde einst als sicherer Hafen für befreite amerikanische Sklaven geschaffen; Israel wurde als sicherer Hafen für die verfolgten Juden geschaffen. Vielleicht gibt es irgendwo ein Stück Land, das illegalen Migranten gewidmet werden kann? Es wäre nicht wünschenswert, jemanden gewaltsam an einen solchen Ort zu schicken, aber es würde die Leute davon abhalten, vorzugeben, ihren Pass verloren zu haben, da sie wissen, dass sie sowieso nicht zurückgeschickt werden können.

"Illegale Migranten zu stoppen und in ihre Herkunftsländer zurückzuschicken, muss zur Standardprozedur werden."
-Sebastian Kurz

Fertilität erhöhen. Ferner sollte das Ziel sein, die Geburtenraten in Europa und den USA zu erhöhen, um die Bevölkerungszahlen stabil zu halten. Die Fertilitätsraten sollten sich in Richtung eines Niveaus von 2,1 und darüber bewegen, um die Wirtschaft stabil und wachsend zu halten. Eine Alternative wäre, dass die Nationen ihren Finanzsektor komplett umgestalten; dies ist jedoch drastischer und erfordert möglicherweise das Verschwinden unseres schuldenbasierten, zinsbelasteten Geldes.

Welche Maßnahmen können ergriffen werden, um die Fertilitätsrate zu erhöhen? Länder wie Ungarn und Polen zeigen uns einen klaren Anfang. Im Jahr 2011 war die Fruchtbarkeitsrate in Ungarn sogar auf 1,23 gesunken. Orban sah, wie der Rest Europas dieses Problem mit Einwanderung angehen wollte, aber er bevorzugte eine Lösung, die die ungarische Identität bewahrt.

Ungarn verstaatlichte IVF-Kliniken und machte sie für alle heterosexuellen Frauen unter 40 Jahren kostenlos. Für diejenigen, die mit einer gesunden Fruchtbarkeit gesegnet sind, mag es so klingen, dass IVF nur eine kleine Nische füllt, aber in den USA gibt es über 85.000 Frauen pro Jahr, die sich einer IVF-Behandlung unterziehen. Die Gesamtkosten für eine IVF-Behandlung liegen bei ca. 20.000 US-Dollar pro Versuch, bei einer Erfolgsrate von ca. 40 % liegen die Kosten pro Kind, dass durch IVF geboren wird, bei 50.000 US-Dollar. Für Paare mit Fruchtbarkeitsproblemen sind das hohe Kosten, bevor das Kind überhaupt geboren ist und alle anderen Kosten im Zusammenhang mit Kindern beginnen. [1]

Orban versprach auch eine lebenslange Befreiung von der Einkommenssteuer für alle Frauen, die drei oder mehr Kinder haben. Damit sollen die Bedenken vieler Frauen ausgeräumt werden, dass sie später Schwierigkeiten haben werden, Karriere zu machen, weil sie Zeit für die Betreuung des Kindes verlieren. Die Einkommenssteuer variiert zwischen 15 % in Ungarn und progressiven Steuern, die in anderen europäischen Ländern über 50 % liegen. Eine solche Steuerbefreiung würde das finanzielle Potenzial von Müttern mit mehr als zwei Kindern erheblich steigern.

Die finanziellen Vorteile hören nicht bei den Steuerbefreiungen auf. Es gibt auch Darlehen für neu verheiratete Paare in Höhe von rund 30.000 US-Dollar, die sich für jedes geborene Kind um etwa ein Drittel reduzieren. Bei drei Kindern wird das Darlehen zu einem Geschenk. Paare können das Geld als Anzahlung für ein Haus verwenden, dass je nach Wohnort in Ungarn gar nicht so teuer ist.

Anreize wie diese werfen die Frage auf, ob die Menschen wegen der damit verbundenen Kosten keine Kinder bekommen oder weil sie gar kein Interesse daran haben. Die Tatsache, dass diese Maßnahmen in Ungarn einen deutlichen Effekt haben, sind ein Beweis dafür, dass die damit verbundenen Kosten zumindest ein Faktor sind, der durch die Regierungspolitik leicht angegangen werden kann. Bislang ist die Fertilitätsrate in Ungarn auf 1,48 gestiegen, also um 0,25 Kinder pro Frau. Das ist etwa ein Viertel des Weges, den Ungarn zurücklegen muss, um bezüglich seines Bevölkerungswachstums autark zu sein.

Weitere Maßnahmen sind die monatlichen Leistungen pro Kind. In Deutschland macht man das schon eine Weile und es gibt etwa 200 Euro pro Monat und Kind. In den Niederlanden liegen die Leistungen bei knapp hundert Euro. In Polen haben sie neu 500 Zloty, über hundert Euro, pro Monat und Kind eingeführt. Russland bietet seit 2007 eine Einmalzahlung von über 6000 US-Dollar für Familien mit zwei Kindern.

Italien und Griechenland haben ähnliche Maßnahmen eingeführt. Griechenland riskiert, dass seine Bevölkerung in den nächsten Jahrzehnten um ein Drittel schrumpft, es hat eigentlich keine andere Möglichkeit, als zu versuchen, die Geburtenrate zu erhöhen. Ein Drittel des Landes durch Einwanderer zu ersetzen, ist keine realistische Lösung und würde nur die Aussagen rechter Politiker bestätigen, dass wir vor einem Bevölkerungsaustausch stehen.

Es ist fraglich, warum andere Länder solche Maßnahmen nicht einmal in Erwägung gezogen haben und stattdessen sofort auf den Zuzug von Einwanderern setzten. Die Erhöhung der Geburtenrate ist eindeutig ein langfristiger Ansatz, der Jahrzehnte braucht, um seine Wirkung auf die Erwerbsbevölkerung zu entfalten, aber es ist auch die Option, die über längere Zeiträume gesünder ist.

Für Osteuropa gibt es zunächst nicht viel Auswahl. Aufgrund der niedrigeren Löhne wandern viele ihrer Einwohner in die wohlhabenderen Teile Europas ab, und sie haben nur sehr wenige Einwanderer, die daran interessiert sind, in ihre Länder zu ziehen. Warum sollte ein Syrer, Afghane oder Nigerianer nach Ungarn ziehen, wenn er in

Deutschland oder Schweden leben kann?

Europa als Ganzes muss sich mit seiner Lebenskraft, seinen Energien, verbinden und einen positiven Weg in die Zukunft finden. Einen Weg, der mit Hoffnung, Ehrgeiz und Mut gefüllt ist. Nicht einen Weg der Schuld, der Selbstaufopferung und der Apathie. Das Gleiche gilt für die Vereinigten Staaten, deren Lebenskraft nach dem Sieg über die Kommunisten verschwand. Doch welchen Sinn hat es, den Feind zu besiegen, nur um danach Selbstmord zu begehen? Sicherlich besiegt man den Feind nur, damit man sich wieder auf seine eigenen Ziele konzentrieren kann. Nun, dann bleibt die Frage, was unsere Ziele sind.

Wir müssen eine Vision formulieren, etwas, auf dass wir hinarbeiten können, gemeinsam. Etwas, dass uns Energie gibt, etwas Wertvolles, dass unsere Zeit wert ist. Etwas, dass die Welt zu einem besseren Ort für unsere Kinder machen wird. Nicht nur etwas, dass darauf abzielt, das zu bewahren, was wir haben, sondern etwas, dass es verbessert. Nicht ein erhöhtes BIP, sondern eine erhöhte Lebensqualität.

"Spanien kann keinen Selbstmord begehen."

- Santiago Abascal Conde

Die Last der Beweise. Um die Debatte voranzubringen, muss die Beweislast auf die Seite der Befürworter der Massenmigration wandern. Und bedeutende jährliche Migrantenströme sind am Ende immer Massenströme. Wir halten das Selbstbestimmungsrecht für einen hohen Wert und diese Leute wollen dieses Selbstbestimmungsrecht zerstören und Multikulturalismus innerhalb fester Nationalstaaten schaffen.

Es ist nicht die Aufgabe der so genannten Rechten, den Wert des Status quo zu verteidigen, dafür zu plädieren, die Welt so zu erhalten, wie sie ist, sondern es ist die andere Seite, die die Dinge verändern und aufrütteln will. Sie versuchen, den Status quo zu verändern, indem sie multikulturelle Gesellschaften ohne eine dominante Mehrheit schaffen. Sie müssen zeigen, warum das so toll ist.

Dieses Buch hat versucht, viele der gängigsten Unsinnsargumente zugunsten der Migration zu entkräften und auch einige Probleme aufgelistet, die als Folge der Einwanderung großer Gruppen in eine Nation auftreten können. Die Befürworter des Multikulturalismus müssen diese Argumente in Frage stellen, zurückschlagen und die Debatte fortsetzen. Auf diese Weise können wir die Wahrheit herausfinden und uns vorwärts bewegen, wir können die Länder, in denen wir leben, weiter verbessern und ein Himmelreich auf Erden schaffen.

Was nicht hilft, ist, wenn eine Gruppe die andere Gruppe als Rassisten bezeichnet und die andere Gruppe antwortet, indem sie sie als dumm, verrückt oder Hippies bezeichnet. Debatte ist wichtig und es gibt kaum wichtigere Themen der Staatskunst als das Migrationsthema im Moment. Die Gefahr ist, dass die Debatte nicht entsteht und die Befürworter der Migration weiterhin das tun, was sie tun. Sie spielen die Größe und den Effekt der Migrantengruppen herunter, während sie

NGOs nutzen, um die Migrationsströme zu fördern. Sie rechtfertigen die Migration mit unsinnigen Argumenten, die in den Medien immer und immer wieder wiederholt werden. Warum ist dies eine Gefahr? Es ist nicht nur eine Gefahr für den Nationalstaat, sondern es bringt auch eine direkte Gefahr für die Demokratie. Die Gruppe, die ignoriert und ungehört wird, kann nicht passiv bleiben und diese Veränderung willkommen heißen. Ebenso werden die Befürworter der Migration in ihren Forderungen immer gewalttätiger.

Vielleicht fehlt es mir an Optimismus, aber ich bezweifle, dass eine solche Widerlegung von den Globalisten kommen wird. Wahrscheinlicher ist, dass dieses Buch keine Erwähnung in den Medien finden wird, nicht viral geht und ein kleines Publikum erreicht. In diesem Fall wird es ignoriert werden. Wenn es doch gelingt auch nur die geringste Wirkung zu erzielen, wird das Buch bald Kritiken erhalten, die behaupten, es sei extrem rechts, rassistisch und der Autor sei insgeheim ein Nazi. Anstatt einer echten Debatte werden wir eine weitere Fallstudie zu Godwins Gesetz haben. Ich kann nur hoffen, dass ich Ihre Weltanschauung und die Art, wie Sie über Migration denken, beeinflusst habe. Wenn Ihnen das Buch gefallen hat, dann empfehlen Sie es einem Freund, hinterlassen Sie eine Rezension oder verschenken Sie ein physisches Exemplar als Weihnachtsgeschenk an Familie und Freunde. Lassen Sie sich nicht von der ständigen Flut an unsinnigen Argumenten verwirren, sondern analysieren Sie sie und stellen Sie fest, dass sie keinen Sinn ergeben.

Es steht außer Zweifel, dass wir uns in einem Kampf zwischen denen befinden, die den Nationalstaat und seine nationalen Grenzen befürworten und jenen Internationalisten, Globalisten oder Marxisten, die das Gefüge, das die Nation aufbaut, niederreißen wollen. Die Idee, die Grenzen für Migranten und Flüchtlinge zu öffnen, wird als ein Akt der Barmherzigkeit propagiert. Ein wohltätiger Akt.

Es wird so wahrgenommen, als würde man einem Fremden eine kleine Gefälligkeit erweisen, wie zum Beispiel eine verlorene Brieftasche zurückgeben. Die Realität ist, dass der ständige Strom von Migranten die Nation kaputt macht. Dies geht mit einem Anstieg der Kriminalität, zusätzlichen Kosten und einem Rückgang des Vertrauens und der allgemeinen Lebenszufriedenheit einher. Die Folgen einer fortgesetzten Politik der offenen Grenzen sind immens, und zudem werden sie von den Mainstream-Medien immens unterschätzt. Es ist diese Kombination, die ein Buch wie das vorliegende absolut notwendig macht.

Viel Glück, bleiben Sie stark. Verlieren Sie nicht die Hoffnung, eine hellere Zukunft wird kommen - aber nur, wenn wir uns bemühen und darauf hinarbeiten. Blut, Mühsal, Schweiß und Tränen.

"Es sind die dunkelsten Momente, in denen wir uns konzentrieren müssen, um das Licht zu sehen."

–Aristotles

Quellen:

[1] https://www.forbes.com/sites/learnvest/2014/02/06/the-cost-of-ivf-4-things-i-learned-while-battling-infertility/#6510c73e24dd

ÜBER DEN AUTOR

Joseph R. Oxfield ist in den Niederlanden geboren und aufgewachsen. Nach seinem Studium der internationalen Wirtschaft und einem anschließenden Master in Supply Chain Management ging er nach Großbritannien. Dort landete er in einer Stadt namens Luton. Das Leben in Luton war seine erste wirklich multikulturelle Erfahrung und öffnete ihm die Augen für die Zukunft Europas.

Nach einigen Jahren und einem Jobwechsel fand er sich im Jet-Set auf dem europäischen Kontinent wieder. Die meiste Zeit verbrachte er zwischen dem Vereinigten Königreich, Polen und Spanien. Er lebte mehrere Jahre lang in Hotels in ganz Europa bis er in die westfälische Region in Deutschland umzog. Dieser internationale Lebensstil ermöglichte es ihm, die Unterschiede in der Kultur innerhalb Europas zu erkennen, ebenso wie die Unterschiede zwischen einer sehr homogenen Gegend wie Polen und einem weitaus multikulturelleren London oder Birmingham.

Vor allem aber hat ihm das Leben im Ausland die Besonderheiten seiner eigenen, der niederländischen Kultur, vor Augen geführt und gezeigt, wie viel einfacher es ist, unter Gleichgesinnten zu leben. Gleichzeitig zeigte es ihm, wie zerbrechlich diese Kultur ist.

Als Reaktion auf seine Offenbarung gründete er das Clovis-Institut, das auf www.clovisinstitute.org zu finden ist. Dieses Buch ist eine Erweiterung dieser Arbeit.